民航公务机服务与通用航空

周为民 孙 明 编著

清华大学出版社
北 京

内 容 简 介

本书通过介绍通用航空产业和公务机行业，增加学生对民用航空了解与学习的深度和广度，为学生全面揭开高端飞行的面纱，帮助有志于进入公务机领域的人员打开一扇窗。

本书共五章内容，首先介绍了民用航空分类和通用航空在我国的发展历程；然后通过公务机概述、公务机市场分析、公务机运营商、FBO和公务机生产商的角度全面阐述公务机行业；接下来对公务机旅行管家以及职业要求和服务技能进行了详细讲述，旨在为学生展现一幅立体的公务机乘务员人物形象。

通过本书，希望大家对通用航空和公务机均能有更深一层的了解。全书结构合理、内容丰富、通俗易懂，既可作为高等院校空中乘务及相关专业的教材，对民航在职人员了解通航产业和公务机行业亦有帮助，可作为公务机爱好者的参考书籍。

本书封面贴有清华大学出版社防伪标签，无标签者不得销售。
版权所有，侵权必究。举报：010-62782989，beiqinquan@tup.tsinghua.edu.cn。

图书在版编目(CIP)数据

民航公务机服务与通用航空 / 周为民，孙明编著. —北京：清华大学出版社，2022.5
ISBN 978-7-302-60552-2

Ⅰ. ①民… Ⅱ. ①周… ②孙… Ⅲ. ①民航运输—商业服务 Ⅳ. ①F560.9

中国版本图书馆CIP数据核字(2022)第064057号

责任编辑：张　瑜
封面设计：杨玉兰
责任校对：李玉茹
责任印制：沈　露

出版发行：清华大学出版社
网　　址：http://www.tup.com.cn, http://www.wqbook.com
地　　址：北京清华大学学研大厦A座
邮　　编：100084
社 总 机：010-83470000
邮　　购：010-62786544
投稿与读者服务：010-62776969, c-service@tup.tsinghua.edu.cn
质量反馈：010-62772015, zhiliang@tup.tsinghua.edu.cn
课件下载：http://www.tup.com.cn, 010-62791865

印 装 者：三河市龙大印装有限公司
经　　销：全国新华书店
开　　本：185mm×260mm　　印　张：8.75　　字　数：205千字
版　　次：2022年6月第1版　　印　次：2022年6月第1次印刷
定　　价：49.00元

产品编号：069838-01

前　言

　　通用航空是指民用航空器从事公共航空运输以外的民用航空活动。早在 2016 年，通用航空产业就被确立为国家战略性新兴产业。公务机作为通用航空的一项业务，因其灵活便捷、安全私密的优势，也逐年受到高净值商旅客户的青睐和大众的关注。

　　本书作为民航专业类教材，通过通用航空产业概述与公务机行业介绍，拓展学生对民航领域认知的视野，使学生了解通用航空产业在民用航空中的重要性和作用。同时，让学生对公务机行业有全面的了解，从对行业的认知到公务机机型的掌握再到客舱服务要求，通过不同角度的讲解与分析，逐步为学生揭开公务机的神秘面纱，也为学生今后就业与择业引领一个新的方向。

　　本书一共五章内容，循序渐进地讲述了从通用航空到公务机的基础知识，内容深浅相宜，通俗易懂。第一章通用航空概述，包括民用航空分类和通用航空发展趋势分析两节内容；第二章公务机，从公务机概述、公务机市场、公务机运营商、公务机 FBO 和公务机生产商与主要机型介绍五个方面对公务机进行阐述；第三章公务机客舱介绍，包含了公务机客舱装饰和客舱设备配置，重点介绍了公务机客舱设备；第四章公务机旅行管家，首先介绍了旅行管家的概念，然后详细表述了成为一名旅行管家需要的各项职业要求，包含任职要求、形象要求、礼仪要求、素养要求和技能要求；第五章公务机客舱服务，涵盖客舱服务流程和客舱服务技能，清晰的流程脉络和详细的技能说明，让学生对公务机客舱服务了解得更透彻。

　　由于编写时间和作者能力有限，书中难免有不足之处，恳请各位专家、老师和同学批评、指正。

编　者

目 录

第一章 通用航空概述 1

第一节 民用航空分类 2
一、商业航空 2
二、通用航空 8

第二节 通用航空发展趋势分析 10
一、中国通用航空发展历程 10
二、中国通用航空产业的重要性及发展前景 17

思考题 19

第二章 公务机 21

第一节 公务机概述 22
一、公务机的概念 22
二、公务机主要客户群 22
三、公务机与公共航空运输的差异 23
四、公务机运行方式 24
五、公务机的优势 26

第二节 公务机市场概述 27
一、我国公务机市场的发展 27
二、我国公务机市场前景分析 29

第三节 公务机运营商 30
一、公务机运营商的概念 30
二、公务机运营商的数量 31
三、机队规模 32
四、业务范围 32
五、组织构架 34

第四节 公务机FBO 35
一、FBO的概念 35
二、FBO的业务范围 35

  三、FBO的数量 ... 35
  四、国内FBO介绍 ... 37
 第五节 公务机生产商与主要机型介绍 ... 41
  一、湾流宇航公司 ... 41
  二、庞巴迪宇航公司 ... 45
  三、达索公司 ... 49
  四、巴西航空工业公司 ... 51
  五、空中客车公司 ... 55
  六、波音公司 ... 58
  七、德事隆航空 ... 62
 思考题 ... 66

第三章 公务机客舱介绍 ... 67

 第一节 公务机客舱装饰 ... 68
  一、客舱装饰原则 ... 68
  二、客舱装饰与区域划分 ... 68
  三、客舱装饰造型设计 ... 71
 第二节 公务机客舱设备配置 ... 71
  一、应急设备 ... 71
  二、厨房设备 ... 71
  三、客舱设备 ... 75
  四、卫生间设备 ... 79
  五、客舱通信与娱乐系统 ... 80
 思考题 ... 82

第四章 公务机旅行管家 ... 83

 第一节 公务机旅行管家概述 ... 84
  一、公务机旅行管家的概念 ... 84
  二、公务机旅行管家的岗位职责 ... 84
  三、公务机旅行管家与航空公司乘务员的差异分析 ... 84
 第二节 公务机旅行管家职业要求 ... 86
  一、公务机旅行管家的任职要求 ... 86
  二、公务机旅行管家的形象要求 ... 86
  三、公务机旅行管家的礼仪要求 ... 87

　　四、公务机旅行管家的素养要求 89
　　五、公务机旅行管家的技能要求 90
　思考题 90

第五章　公务机客舱服务 93
　第一节　公务机客舱服务流程 94
　　一、预先准备阶段 94
　　二、航班实施阶段 95
　　三、后续工作阶段 99
　第二节　公务机客舱服务技能 100
　　一、基本业务技能 100
　　二、拓展业务技能 105
　　三、管家服务技能 112
　思考题 129

参考文献 131

第一章
通用航空概述

中国的通用航空行业起源于1951年。20世纪70年代,中国的通用航空行业经历了持续大约二十年的重新规划和复兴阶段。如今,健康且可持续发展的通用航空行业为整个社会带来不可替代的利益,尤其是对于中国这样幅员辽阔、经济发展迅速的国家而言。

第一节　民用航空分类

民用航空是指使用各类航空器从事除了军事性质（包括国防、警察和海关）以外所有的航空活动。通常情况下，民用航空可分为商业航空运输和通用航空运输两个部分，如图 1-1 所示。

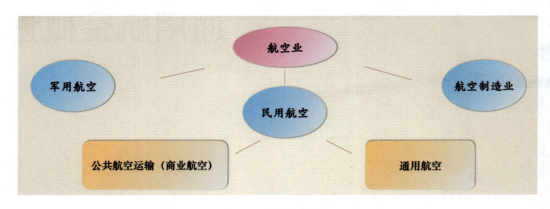

图 1-1　航空业分类

一、商业航空

（一）商业航空的概念

商业航空（Commercial Airlines）也称为公共航空运输，是指以航空器进行经营性的客货运输的航空活动。它的经营性表明这是一种商业活动，以营利为目的。它又是运输活动，这种航空运输活动是交通运输的一个组成部门，与铁路、公路、水路和管道运输共同组成了国家的交通运输系统。

尽管公共航空运输在运输量方面与其他运输方式相比是比较少的，但由于快速、远距离运输的能力及高效益，公共航空运输在总产值上的排名不断提升，而且在经济全球化浪潮中和国际交往上发挥着不可替代且越来越重要的作用。

在我国，无论是国航、东航、南航等国有企业，还是东海航空、九元航空等民营企业，都属于商业航空范畴。像中国国际货运航空、顺丰航空、圆通货运航空等企业均属于货运航空企业，如图 1-2 所示。所有从事商业航空运输的航空公司必须取得 CCAR-121 部审定的《航空承运人运行合格证》，如图 1-3 所示。根据中国民用航空局网站公开的数据显示，我国现有在册的运输航空公司 65 家，其中，客运航空 53 家，货运航空 12 家，如图 1-4 所示。

第一章 通用航空概述

图 1-2 商业航空分类

图 1-3 《航空承运人运行合格证》

客运航空					
序号	公司名称	序号	公司名称	序号	公司名称
1	中国国际航空股份有限公司	2	中国东方航空股份有限公司	3	中国东方航空江苏有限公司
4	中国东方航空武汉有限责任公司	5	中国南方航空股份有限公司	6	汕头航空公司
7	珠海航空有限公司	8	贵州航空有限公司	9	重庆航空有限责任公司
10	厦门航空有限公司	11	海南航空控股股份有限公司	12	中国新华航空集团有限公司
13	长安航空有限责任公司	14	天津航空有限责任公司	15	北京首都航空有限公司
16	金鹏航空股份有限公司	17	云南祥鹏航空有限责任公司	18	山东航空股份有限公司
19	上海航空有限公司	20	中国联合航空有限公司	21	深圳航空有限责任公司
22	四川航空股份有限公司	23	奥凯航空有限公司	24	成都航空有限公司
25	春秋航空股份有限公司	26	华夏航空股份有限公司	27	东海航空有限公司
28	上海吉祥航空股份有限公司	29	大新华航空有限公司	30	西部航空有限责任公司
31	河北航空有限公司	32	昆明航空有限公司	33	幸福航空有限责任公司
34	西藏航空有限公司	35	东方航空云南有限公司	36	大连航空有限责任公司
37	浙江长龙航空有限公司	38	中国国际航空内蒙古有限公司	39	瑞丽航空有限公司
40	青岛航空股份有限公司	41	中国南方航空河南有限公司	42	乌鲁木齐航空有限公司
43	福州航空有限责任公司	44	九元航空有限公司	45	广西北部湾航空有限责任公司
46	江西航空有限公司	47	多彩贵州航空有限公司	48	湖南航空股份有限公司
49	桂林航空有限公司	50	龙江航空有限公司	51	北京航空有限责任公司
52	天骄航空公司	53	一二三航空有限公司		
货运航空					
序号	公司名称	序号	公司名称	序号	公司名称
1	中国国际货运航空有限公司	2	中国货运航空有限公司	3	中国邮政航空有限责任公司
4	顺丰航空有限公司	5	友和道通航空有限公司	6	杭州圆通货运航空有限公司
7	中航货运航空有限公司	8	中原龙浩航空有限公司	9	天津货运航空有限公司
10	中州航空有限公司	11	西北国际货运航空有限公司	12	中国南方航空货运有限公司

数据来源：中国民航局官网

图 1-4 运输航空公司名单

（二）商业航空的分类

1. 国有航空公司与民营航空公司

按照经济类型对企业进行分类，是我国对企业进行法定分类的基本做法，包括国有企业、集体所有制企业、私营企业、股份制企业、有限合伙企业、联营企业、外商投资企业、个人独资企业、港澳台企业和股份合作企业。

国有企业是指国务院和地方人民政府分别代表国家履行出资人职责的国有独资企业、国有独资公司及国有资本控股公司，包括中央和地方国有资产监督管理机构和其他部门所监管的企业本级及其逐级投资所形成的企业。也就是说，国有企业是由国家出资设立，并由国家对其资本拥有所有权或者控制权的企业法人，政府的意志和利益决定了国有企业的行为，国有企业的全部资本或主要股份归国家所有。民营企业是指所有的非公有制企业。除国有独资、国有控股外，其他类型的企业中只要没有国有资本，均属于民营企业。

目前，在我国的公共运输航空公司中，有业内人士分析统计，我国现有的民营航空公司共11家，其中，全民资的航空公司6家，民资控股的航空公司5家，如图1-5所示。由于经营策略调整及受到当前全球新冠疫情的冲击，多家航空公司发生了股东更迭、股权转让、基地变更等重大变化。比如奥凯航空，曾经顶着国内首家民营航空公司的光环，于2005年3月成功首飞，如今被国企收购，实际控制人为华电集团。瑞丽航空也继青岛航空和红土航空（现更名为湖南航空）之后，成为被出售股权的民营航空公司。友和道通航空成立于2008年，2011年投入运营，2019年受宏观经济环境和金融信贷政策收紧等综合因素的影响，再加上国际航空货运市场的持续不景气，导致其陷入经营困难，多架货机停飞，2021年走上破产清算之路。

全民资客运航空	浙江长龙航空有限公司
	东海航空有限公司
	九元航空有限公司
全民资货运航空	顺丰航空有限公司
	杭州圆通货运航空有限公司
	中州航空有限公司
民资控股航空公司	上海吉祥航空股份有限公司
	华夏航空股份有限公司
	西藏航空有限公司
	湖南航空股份有限公司
	春秋航空股份有限公司

图1-5 民营航空公司名单

2. 干线航空公司与支线航空公司

干线航空与支线航空是相对的概念。在航空运输网络中，界定干线航空与支线航空的考量因素包括飞机机型、航线距离、航线网络和机场等。

2000年被称为我国支线航空发展元年。当年8月，财政部、国家计委、中国民用航空总局发布了《关于调整支线飞机民航机场管理建设费的通知》，明确了国内支线飞机的定义，即70座涡桨飞机及50座以下各类支线飞机（含进口支线飞机）。将70座以上涡桨飞机和50座以上各类飞机的航班定义为干线运输；将70座以下涡桨飞机和50座以下各类飞机的航班定义为支线运输。

2005年11月，中国民用航空总局下发《民航总局关于促进支线航空运输发展的若干意见》（以下简称《意见》）。《意见》中指出："支线是指依据民航机场规划的机场分类，在中小型（支线）机场始发或到达的省、自治区、直辖市内的航线，以及跨省、自治区、直辖市航程较短或运量较小的航线。"2017年3月，中国民航局下发《关于对＜关于加强新设航空公司市场准入管理的通知＞有关问题的补充通知》，文件中对支线飞机、支线航线、支线航空的定义进行了明确：支线飞机是指"经民航局审定/认可，最高座位数为100座级以下客舱布局的单通道飞机"；支线航线是指"在年旅客吞吐量200万人次以下（含）的民用机场始发或者到达的省、自治区、直辖市内（航线）航段，以跨省、自治区、直辖市航程距离在600km以内的（航线）航段"；支线航空是"从事支线航线运营的航空客货运输业务"。

2018年11月，中国民用航空局出台指导民航强国建设的纲领性文件——《新时代民航强国建设行动纲要》（以下简称《纲要》）。在这份《纲要》中，提出了我国支线航空的发展举措："着力推进航空服务大众化。逐步加密机场网建设，建立通达、通畅、经济、高效的航线网络，大力发展支线航空，推进干支有效衔接，推进低成本等航空服务差异化发展。全面实施基本航空服务计划，实现老少边穷地区航线网络基本通达，打造更加协调的'民生航空'服务体系。"

至2021年，我国支线航空市场有4家航空公司，即华夏航空、幸福航空、成都航空和天骄航空；3种飞机机型包括ARJ21、CRJ900和新舟60；84架支线机队。

3. 全服务航空公司与差异化服务航空公司

2018年10月，天津航空在其官网上发布了《关于天津航空国内航班差异化定制服务的温馨提示》通知，由此，天津航空走上了从传统全服务航空公司向差异化服务航空公司战略转型的道路，如图1-6所示。

全服务航空公司与差异化服务航空公司的区别可以理解为"一价全包"与"按需付费"两种模式。在没有实施差异化服务之前，全服务航空公司提供的基本上都是一价全包式的服务产品，无论旅客是否需要这项服务，标准化的服务产品和流程都摆在那里。差异化服务航空公司剥离了航班餐食、行李与机票的依附关系，把选择权交还给旅客，以更优惠的票价让旅客完成空中旅行，最大限度地满足旅客的需求，提高旅客对航空公司的满意度和忠诚度。无论是托运行李额度、机上餐饮服务还是优先选座值机、出行保险等，旅客都可以根据自己需要付费购买。

根据民航旅客服务评测网（CAPSE）发布的《2020 年航空公司服务测评报告》给出的数据显示，在选取的 32 家航空公司中，全服务航空公司有 20 家，差异化服务航空公司有 12 家，如图 1-7 和图 1-8 所示。

关于天津航空国内航班差异化定制服务的温馨提示

发布时间：2018-10-24

尊敬的金鹏俱乐部会员：

为了向您提供多选择、定制化的航空出行服务，天津航空将全面推出国内航班差异化服务：自乘机日期2018年10月28日（含）起，为购买不同类型机票的旅客提供不同额度的免费托运行李服务，您可根据自身需求，通过天津航空官网、值机柜台按需购买逾重行李额度；同时，除尊享经济舱外，其他经济舱旅客将不再享受免费餐食，如有需要，您可在天津航空官网、微信服务号（tianjin-air）或乘坐的航班上购买餐食，享受多样差异化定制服务，如您有特殊餐食需求，请联系官方客服电话95350进行咨询。

一、　免费行李额等级标准：

舱位/折扣	对应舱位代码	对应免费托运行李额
公务舱	C/D/Z/I/R/J	30KG
全价机票/团队机票/尊享经济舱/金鹏积分兑换传统奖励机票经济舱舱位	Y/G/S/O/Q	20KG
超值经济舱	E	15KG
经济舱—92折（含）至4折（含）机票	B/H/K/L/M/X/V/N/P	10KG
经济舱—4折（不含）以下机票	A/A1/U/U1/T/T1	无免费托运行李额

金鹏俱乐部贵宾会员权益中包含的额外免费行李额仍然正常享受。

二、托运行李额度、机上餐食购买渠道

1. 行李：天津航空官网-增值服务-预付费行李、值机柜台

2. 餐食：天津航空官网-增值服务-餐食购买、微信服务号（tianjin-air）、机上购买

天津航空温馨提示各位金鹏会员，预订机票时请仔细阅读相关服务内容，根据自身需求进行选择，感谢您的理解与配合，祝您旅途愉快！

具体内容详见《天津航空国内航班差异化服务规定》，感谢您选择天津航空！

天津航空有限责任公司

2018年10月19日

图 1-6　《关于天津航空国内航班差异化定制服务的温馨提示》

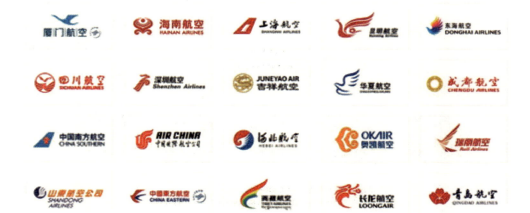

图 1-7　全服务航空公司

图 1-8　差异化服务航空公司

二、通用航空

（一）通用航空的概念

通用航空业是以通用航空飞行活动为核心，涵盖通用航空器研发制造、市场运营、综合保障以及延伸服务等全产业链的战略性新兴产业体系，如图 1-9 和图 1-10 所示。《通用航空飞行管理条例》中对通用航空进行了科学的定义："所谓通用航空，是指除军事、警务、海关缉私飞行和公共航空运输飞行以外的航空活动，包括从事工业、农业、林业、渔业、矿业、建筑业的作业飞行和医疗卫生、抢险救灾、气象探测、海洋监测、科学试验、遥感测绘、教育训练、文化体育、旅游观光等方面的飞行活动。"所有从事通用航空运输的航空公司，必须取得 CCAR-91 部运行合格证或者 CCAR-135 部运行合格证。根据中国民用航空局网站公开的数据显示，截至 2020 年年底，获得通用航空类《经营许可证》的通用航空企业共 523 家。

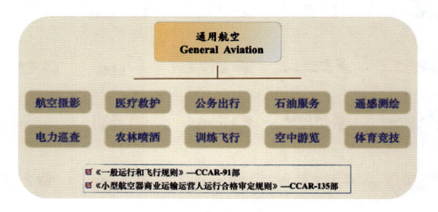

图 1-9　通用航空分类

图 1-10　通用航空飞机

（二）通用航空的分类

1. 按照经营项目分类

其经营项目按照《通用航空经营许可管理规定》的规定，共分四大类。

- 甲类：陆上石油服务、海上石油服务、直升机机外载荷飞行、人工降水、医疗救护、航空探矿、空中游览、公务飞行、私用或商用飞行驾驶执照培训、直升机引航作业、航空器代管业务、出租飞行、通用航空包机飞行。
- 乙类：航空摄影、空中广告、海洋监测、渔业飞行、气象探测、科学实验、城市消防、空中巡查。
- 丙类：飞机播种、空中施肥、空中喷洒植物生长调节剂、空中除草、防治农林业病虫害、草原灭鼠、防治卫生害虫、航空护林、空中拍照。
- 丁类：航空俱乐部类。使用限制类适航证的航空器和轻于空气的航空器从事私用飞行驾驶执照培训，航空运动训练飞行，航空运动表演飞行，个人娱乐飞行等。

此外，抢险救灾不受上述四类项目的划分限制，按照中国民航局的有关规定执行。

2. 按照业务分类

- 社会公益服务类：农林航空、船舶、航空物探、人工降水、环境监测、医疗救护、城市消防、空中巡查等。
- 建设服务类：石油服务、电力作业、直升机港口银行、直升机外载（吊挂、吊装）等。
- 航空消费类：飞行驾驶执照培训、公务飞行、空中游览、空中广告、通用航空包机服务等。

3. 按照在经济中发挥的作用分类

- 促进经济发展类：如贡献 GDP、解决就业、带动整个产业链发展及相关产业的发展。
- 服务各行业类：如农林播种、灭虫、海上勘探、航拍摄影、抢修高危设备、体育娱乐。
- 应急救灾救援类：如林区灭火、搜救人员、运送伤员或救援物资。
- 国防建设类：输送人才、战备储备。如飞行员、机务维修人员和其他技术性人才、战略物资运送。

第二节　通用航空发展趋势分析

一、中国通用航空发展历程

（一）历史追溯时期

第一次世界大战结束后，一些国家陆续将飞机用于工农业生产，揭开了通用航空的发展序幕。1920 年以后，在美国和欧洲出现了大量的私人飞机，有的大公司和企业开始用自己的飞机为高级员工提供交通服务，出现了公务航空。为了向私人飞机和企业飞机提供维修和燃油、买卖二手飞机、飞机租赁等服务，美国出现了以机场为基地的通航服务站，形成了完整的通用航空供需市场。

1912 年 8 月 25 日，中国航空之父——冯如（见图 1-11）在广州燕塘机场进行公开飞行表演，中国通用航空的序幕由此拉开。

图 1-11　中国航空之父——冯如

1913年9月，中国历史上第一所航空学校，位于北京的南苑航空学校开始面向陆、海军事机关和作战部队招收第一期学员，如图1-12所示。

图1-12 南苑航空学校的历史照片

1920年5月，京沪航线中北京—天津航段投入运营。1921年7月，增辟了北京—济南航段，并开展了航空邮政业务。1930年，隶属于国民政府的军事陆地测绘局组建了一个规模很小的从事摄影的航空测量队，主要从事军事地图的测绘，同时承担少量的水利、铁道和地质航摄任务。1931年6月2日，浙江省水利局租用德国汉莎航空公司米赛什米特M18-D型飞机，在钱塘江支流浦阳江36km河段进行航空摄影活动，成为中国通用航空的首次商业活动。到1937年，全国拥有航摄飞机12架，但所有的飞机和主要设备均由国外提供。国内通航产业在此时期先后与美国、意大利等国家的航空工业有过接触和合作经历，但由于自身没有制造和运营能力，设备和器材均需依赖进口，直到1949年也没有建立起独立的通用航空产业体系。

（二）计划经济管理体制时期

计划经济管理体制时期为1951年至1979年。

1951年5月22日，应广州市政府的要求，民航局广州管理处派出一架C-46型飞机在广州市上空连续两天执行了41架次防治蚊蝇危害的飞行任务。这次飞行，标志着中国通用航空历史翻开了崭新的篇章，如图1-13所示。

1952年，中国民航在天津建立了中华人民共和国第一支通用航空队伍——军委民航局航空农林队，拥有10架捷克制爱罗-45型飞机，职工60余人，随即开展了飞机灭蝗和航空护林工作。当年飞行总量为959小时，专供通用航空生产作业的机场或起降点约40个。同年，民航局使用爱罗-45型飞机在东北执行首次航空护林任务，如图1-14所示。

图 1-13　左图为灭蚊蝇前准备，右图为飞机在广州上空喷洒药物

图 1-14　爱罗-45 型飞机在东北执行首次航空护林任务

通用航空建立起来以后，承担了一些重要的飞行任务，也取得了较大的成就。此后，在全国各地陆续成立了以农林业飞行为主的14个飞行队，后来又成立了专为工业、农业、海上石油等服务的通用航空公司，中国通用航空业的规模逐步壮大。1960年，通用飞行时间达到了3.47万小时，与公共航空运输齐头并进，支持我国航空运输的发展。至1965年，中华人民共和国通用航空事业取得了长足的发展，航空摄影、航空探矿、航空护林、飞播造林等项目为中华人民共和国经济和社会发展作出了巨大贡献。这一时期，通用航空共完成各类飞行205741小时，年均飞行15800小时以上。

1966年至1976年期间，我国通用航空业遭受了严重的冲击，这一时期，通用航空仅累计完成作业飞行280882小时，成为中华人民共和国通用航空史上的一个低潮。

1978年12月，中共第十一届三中全会召开后，我国各项建设事业重新走上了健康发展的道路，在正确方针的指导下，我国通用航空出现了新的转机。

（三）市场经济管理体制时期

市场经济管理体制时期为 1980 年至 2009 年。

1980 年 3 月 15 日，民航局脱离空军建制，划归国务院直接领导，这项决定有利于公共航空运输和通用航空运用经济手段，按照经济规律办事。1982 年 3 月，中国民航局第六任局长沈图同志曾为通用航空题词："专业航空（后改为通用航空）是民航事业的一翼，应该不断扩大服务项目，提高作业质量，在国民经济中发挥更大作用。"如图 1-15 所示。

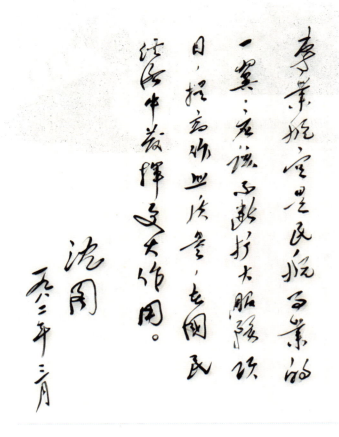

图 1-15　沈图同志题词

1986 年 1 月 8 日，国务院颁发《关于通用航空管理的暂行规定》，进一步规范了我国通用航空事业的各项管理。截至 1987 年年底，通用航空从业职工达到 7000 多人，飞行员 1500 多人，各类型飞机、直升机 400 多架，从事的作业项目拓展至包括工业飞行、农林业飞行、渔业巡查、人工降水、科学实验等在内的 40 余种。在此期间，年均飞行 39662

小时，其中，1983年至1987年年均飞行44580小时，保持在历史较高水平。图1-16为通航飞机在完成工作任务。

1985年，中国民航工业航空公司飞机首次为山西省长治市进行城市建设大比例尺航空拍摄。

1987年，贝乐-212型直升机在长城吊运电视转播设备。

图1-16　通航飞机工作图

1988年至1995年，通用航空处于震荡调整状态，年飞行量徘徊在40000小时左右，特别是从1991年的历史最高点49016小时骤降至1994年的30743小时，为1980年以来的最低点。在此期间，随着我国公共航空运输业的持续快速发展，民航直属通用航空企业大规模转轨从事公共航空运输。截至1994年年底，实际经营通用航空业务的民航直属企业由18家减少为13家，从业职工由7000多人减少到不足4000人，飞行人员向航空运输累计输送达1500人。针对此情况，1995年12月，中国民航局召开了全国通用航空工作会议，会后作出《中共民航总局党委关于发展通用航空若干问题的决定》。

2000年以来，我国通用航空作业飞行总量年增长率为12.3%。截至2008年年底，通用航空业有飞行人员、机务维修、签派等专业技术人员3201人，通航机场和临时起降点共399个。2009年年底，持通用航空类《经营许可证》的企业93家，机队规模907架，通用航空作业123838小时，其中工业航空作业52916小时，农业航空作业26309小时，其他通航作业44613小时。按照国际民航组织统计71口径，全年通用航空飞行总量约为32万小时。图1-17为汶川地震抢险救灾中的通航飞机。

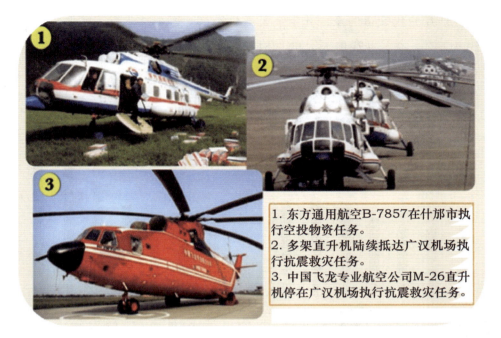

1. 东方通用航空B-7857在什邡市执行空投物资任务。
2. 多架直升机陆续抵达广汉机场执行抗震救灾任务。
3. 中国飞龙专业航空公司M-26直升机停在广汉机场执行抗震救灾任务。

图 1-17　汶川地震抢险救灾中的通航飞机

（四）快速发展时期

快速发展时期为 2010 年至今。

改革开放以后，中国经济社会的长足发展为通用航空发展提供了广阔的天地。2010 年，国家在多个场合提出通用航空发展的重要性，相关部门相继出台了一系列有利于通用航空事业发展的政策举措，确立了通用航空的重要战略地位。同年 11 月，国务院、中央军委发布了《关于深化我国低空空域管理改革的意见》，将低空空域改革作为助推通用航空发展的一个重要着力点，为通航全产业链的发展带来了极大的动力，通用航空进入了全新的发展阶段。

目前中国的通用航空发展仍然相对较弱，但得益于低空空域开放的逐步推进、相关利好政策的相继出台、基础设施的不断完善、国际合作与资源整合加速，中国的通用航空业在过去的 6 年中整体呈现稳步发展的态势。2020 年尽管受到了新冠疫情的影响，但通用航空业整体仍然未停止发展的脚步。图 1-18 是 2014 年至 2020 年中国通用航空器和通航企业数量增长趋势图。

根据中国民航局的公开资料显示，截至 2020 年年底，我国通航企业增加到 523 家，如图 1-19 所示；通用航空在册航空器总数为 2892 架；全国在册管理的通用机场数量为 339 个。仅 2020 年，就新增通用机场 93 个，数量超过了公共运输机场；全行业无人机拥有者注册用户约 55.8 万个，其中个人用户约 49.8 万个，企业、事业、机关法人单位用户约 6 万个。全行业注册无人机共 51.7 万架；全行业无人机有效驾驶员执照达到 88994 本。

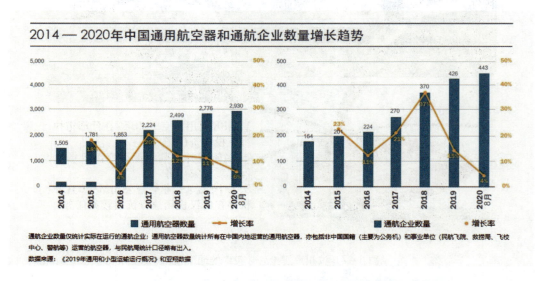

图 1-18　2014—2020 年中国通用航空器和通航企业数量增长趋势图

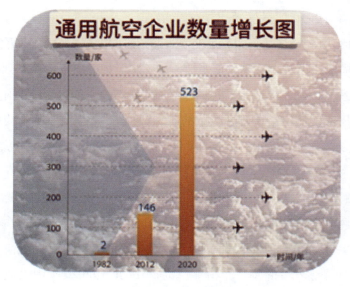

图 1-19　通用航空企业数量增长图

2020 年，政府继续出台落实相关支持通用航空发展的政策，推动通用机场等基础设施建设、低空空域开放、粤港澳直升机跨境等热点行业的发展。2020 年，全行业完成通用航空生产飞行 98.39 万小时，其中，载客类作业完成 8.96 万小时，作业类作业完成 15.06

万小时，培训类作业完成 36.94 万小时，其他类作业完成 4.22 万小时，非经营性作业完成 33.21 万小时。

与此同时，通用航空对改善民生和稳定社会大局也起到了助力作用。2020 年，通用航空在我国疫情防控和复工复产工作中发挥了"尖兵"作用，据统计，全国 141 家通用航空企业使用 1002 架航空器执行了 378 次疫情防控任务，累计飞行 2362.41 小时、7189 架次，运送相关人员 89 人次，运送各类药品和物资 90.9585 吨，充分显现了通用航空快速、高效、灵活等优势。

二、中国通用航空产业的重要性及发展前景

（一）产业重要性

通用航空不仅是一个行业，更是一个产业，是战略性新兴产业。通用航空产业是航空产业发展壮大的基础，航空产业不只是简单的交通运输，在拉动国民经济、平衡区域经济、加强国防建设等方面都有着积极作用。

发展通用航空既是建设民航强国更好地服务国家发展战略、满足人民美好生活需求的客观需要，也是深化民航供给侧结构性改革，支撑交通强国建设的内在要求。

国外经验表明，通航产业投入产出比为 1：10，技术转移比为 1：16，就业带动比为 1：12。普华永道会计师事务所早前发布的《2018 年通用航空对美国经济的贡献》年度研究报告显示，2018 年，美国通用航空共提供全职和兼职工作岗位 120 万个，劳动收入 770 亿美元。通用航空经济产出 2470 亿美元，为美国 GDP 贡献 1280 亿美元，人均 GDP 贡献 393 美元。通用航空每一个直接工作岗位支持了美国其他经济领域的 3.3 个就业岗位。不只是美国，目前世界通用航空发达的国家，如加拿大、巴西等，通航已经成为国民经济重要的组成部分。

从另一个层面看，通航还具有公共基础设施、公共服务的属性，具有军事用途潜力，发展通航产业能为运输航空和军航储备大量的技术和人才。随着多项政策改革的深入推进，通用航空多年来凝聚的巨大发展势能，必将转化为巨大的发展动力，迅速成长为新的产业引擎。发展通用航空，不仅有助于提高出行效率，还对助力地方经济转型升级、满足航空消费需求、支撑社会稳定有着不可或缺的作用。

（二）发展前景

自国务院办公厅发布《关于促进通用航空业发展的指导意见》以来，通用航空被正式

确定为国家战略性新兴产业，有望成为下一片蓝海，承载调整经济结构、改善民生和拉动新型消费的历史使命。"十四五"期间，我国经济已进入高质量发展阶段，具有多方面优势和条件，发展前景向好。随着通用航空改革进入"深水区"，产业结构日益合理，产业生态逐渐形成，我国通航产业发展必将绽放出新的活力。

很多长期从事传统作业飞行的通航企业也在努力开创新业态。比如国网通航、中国通航公司等企业还在共同推动航空应急模式的创新，探索政府、航空企业等机构共同参与的新模式构建，同时积极拓展直升机社会应急救援、消防灭火及通航资源共享业务。新疆通用航空有限责任公司也不断地拓展自己的作业领域和范围，从传统的农林牧等作业飞行到应急救援、飞行培训、短途运输，飞遍了全国28个省区和新疆各地、州、市及兵团100多个农牧团场。万丰航空近年来进军通航全产业链，通过收购兼并把国外先进的技术和理念引入中国，万丰航空现有六大业务板块，涵盖飞机制造、机场管理、通航运营、航校培训、低空保障、航空运动等，2018年就已实现了通航板块的整体盈利。

国家相关部门预测，我国的通用航空产业将进入快速发展阶段，未来几年通用航空飞机的年增长率将达到20%以上，以满足日益增加的市场需求，产业规模的扩大将带动相关产业链的共同发展。未来快速发展阶段主要体现在以下几个方面。

一是整体环境向好。随着交通运输部推动交通强国建设由试点探索向扩面铺开、全面建设迈进，以及"十四五"期间民航局明确将坚定推动公共运输航空和通用航空"两翼齐飞"的战略部署和低空空域管理改革，不仅为通用航空产业提供更大的发展空间，更是为通用航空发展提供了良好的政策环境、经济环境、产业环境、社会环境以及技术环境。

二是大量资本涌入。首先按照中国工程科学院、国际货币基金组织和世界银行等权威机构预测，"十四五"期间到2035年，中国的经济规模增长率将整体上保持平稳、较快的发展态势。稳定的经济发展环境将为包括通用航空培训、运营、维修等相关产业提供可预期的、稳定的市场需求增长。其次通用航空产业链长，涉及材料、机械、电子、金融等众多领域，需要包括政策、经济、产业配套，以及基础设施、人力资源、原材料等众多要素支撑。最后由于国家政策的鼓励，部分地方、民营企业已经率先投身通用航空产业发展中来。稳定的市场需求、完备的产业链条、良好的投资环境以及通用航空自身具有一定的商机，未来必将吸引大量资本涌入通用航空产业中来。

三是人才需求激增。通用航空产业专业性和技术性比较强，对于相关人才的要求比较高，而我国在通用航空产业人才培养和引进方面严重不足，造成通用航空产业从业人员严重短缺。结合当前通用航空产业的发展现状以及未来发展趋势看，航空院校和相关培训机构应以当前通用航空的快速发展为契机，在学科的培养目标和课程设置上必须把通用航空企业需求作为核心，与实际通用航空业务紧密联系，为通用航空产业做充足的人才储备。

思考题

1. 什么是民用航空？
2. 什么是商业航空？
3. 简述通用航空包含哪些业务。
4. 简述全服务航空公司与差异化服务航空公司的区别。
5. 简述我国通用航空的发展历程。

第二章
公务机

公务机起源于20世纪三四十年代。1947年，第一个公务机飞行指导机构——美国公务航空协会(NBAA)成立。公务航空是工商业发展的产物，因其能够节约时间、提高工作效率、满足个性化需求而备受高端商务人士、高级政要和社会名流的青睐，已成为现代民用航空的重要组成部分，在各国政治经济生活中发挥着越来越重要的作用。

第一节　公务机概述

一、公务机的概念

公务机(Business Aviation)又称行政机、商务飞机或私人飞机，采用喷气式或者涡桨式发动机为动力的飞机，一般为9T以下的小型飞机，可乘4～10人，如图2-1所示。公务机可以根据客户需求，确定起飞时间和降落地点，可以飞抵常规航班不能到达的偏远地区，且以舒适、私密、快捷的特点深受众多高端商务客户的青睐，是一种省时、舒适、高效的运输方式，属于民航高端服务项目。

图2-1　公务机

二、公务机主要客户群

1）政府部门

政府部门使用公务机主要用于外事访问和应急事务处理。

2）世界500强在华企业

这些企业的高管都是商务精英，在他们看来，时间等于价值，公务机对他们而言就是流动办公室和商务谈判桌。尤其是需要多名高管组团出差时，乘坐公务机的成本与普通航班头等舱相差不多，但公务机灵活、高效、私密的特点是普通航班头等舱所不具备的。

3）国企和民企

对于企业而言，拥有公务机最大的优势就是可以随时安排行程。通常，客户只要在出行前数小时通知公务机公司，说明起飞时间和起降地点，公务机公司就能尽快落实行程计划。胡润研究院发布的《2017胡润公务机机主报告》显示，截至2017年年末，大中华区公务机的机队数量中，有164架公务机为114位华人企业家所拥有，这些企业家的平均年龄为58岁。

4）社会名人

一些社会名人、文体明星经常会到各地参加演出或者出席商业活动，出入机场会受到粉丝追星的困扰或者记者的追问，为了保证行程的私密性和便捷性，公务机使用频次也较高。

三、公务机与公共航空运输的差异

公务机的主要特点是专为某一企业、部门、机构或者个人提供正常航班以外先进的公务和商务空中交通工具及飞行。通俗地说，公务机相当于出租车或者私家车，而公共航空运输相当于公共汽车。

公务机可以根据客户的需求，制定起飞时间，把客户送到指定目的地。如果客户需要在目的地做短暂停留，公务机还可以在目的地等待客户。公共航空运输都有固定的航班时刻表和飞行路线，航空公司不会因为某个人而改变航班计划。

从服务角度而言，包括票务服务、值机服务、客舱服务、客舱环境与设施、机上娱乐设施、行李服务、航班不正常保障等，公共航空运输都有一定的服务流程和服务模式，无论全服务航空公司还是差异化服务航空公司，均有一定之规。公务机服务则可以称之为"私人定制"式服务。以客舱服务为例而言，客户需要的机上餐食，如果不在航空食品公司提供的范围之内，乘务员会提前到指定餐厅采购；客户需要用到的杂志或者电影、音乐，乘务员也会提前下载或者购买；有些客户对某个品牌比较偏好，比如依云矿泉水、欧舒丹护手霜等，乘务员也会根据客户需求提前备好相应机供品。

此外，客户搭乘公务机出行时，配有贵宾车往返市内负责接送。客户进出港并不在航站楼内，而是使用专门的公务机楼。公务机楼拥有独立的进出港联检通道和安全检查设施，并为客户提供24小时机坪VIP摆渡车和专业高效的行李运送服务，如图2-2和图2-3所示。

图 2-2 天津滨海国际机场公务机楼

图 2-3 公务机楼内的安全检查通道和行李运送服务

四、公务机运行方式

前文提到，公务机相当于出租车或者私家车。搭乘公务机出行，相当于乘坐出租车或者私家车出行。接下来将分别介绍这两种公务机运行方式。

（一）包机式

包机指的是客户租用公务机公司的飞机执行非固定航线，也可以理解为乘坐出租车方式出行。当客户有飞行计划后，与公务机公司销售人员接洽，会有专人负责客户的全部事宜。

(1) 客户确定出发日期、出发时间、出发城市、到达城市、乘机人数以及后续行程安排。

(2) 公务机公司会根据乘机人数确定合适的机型。图 2-4 为某公务机公司不同机型说明示意图。

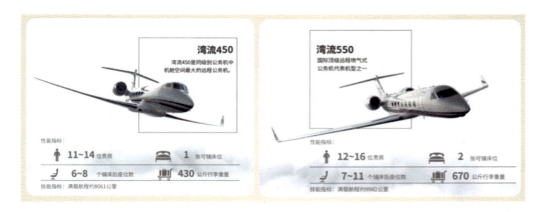

图 2-4　不同机型说明示意图

（3）确定包机费用，即与公务机公司谈价。不同公务机公司包机费用的计算方式不同，但主要由飞行小时费（任务小时费及调机小时费）、常规附加费（起降费、机组过夜费、最低小时收费）和特殊附加费（根据包机过程中实际发生的情况而收取的相关费用）组成。

目前，公务机包机市场价格 1 小时的费用为 4 万～10 万元。图 2-5 为某公务机公司的报价说明与举例说明。

【报价说明】

金鹿公务采用调机小时数*各机型调机小时单价+任务小时数*各机型任务小时单价的报价方式。

报价包含：飞行运营费用（起降、燃油、飞行）；飞机地面服务费（Handling）；标准餐食费用；机组过夜费用。

报价内不含：加急计划申请费；地面中转费用；除冰费；特殊餐食要求；某些国家的超额保险。

【举例说明】

有客户预订青岛-深圳的飞行计划（以金鹿公务在北京、深圳两地的基地为例），实际报价计算方式为：整单价格=(北京-青岛调机小时数*调机小时单价)+(青岛-深圳任务小时数*任务小时单价)如涉及加急加计划申请及特殊餐食要求，则另外加收额外发生费用。

图 2-5　某公务机公司官网报价说明与举例说明

（4）客户与公务机公司签订包机合同。

（5）公务机公司向相关部门申请航线。

（6）公务机公司向相关机场和公务机楼报备旅客及机组信息。

（7）客户按照约定时间自行前往公务机楼或者由公务机公司派专车接送。

（8）如果客户提前到达，或者由于机场管控，临时调整起飞时间，可以在公务机楼内休息区等候，休息区配有茶点、书报杂志和电视，也可以选择在 VIP 休息室进行工作会议。

(9) 公务机楼工作人员会协助客户办理全部登机手续。

(10) 客户通过安全检查以及国际航程的出境联检通关检查。

(11) 客户的行李由专人直接运送至飞机上。

(12) 客户乘坐机坪 VIP 摆渡车从公务机楼抵达公务机停机坪，通常需要 5~10 分钟。

(13) 飞机抵达目的地后，地服人员在机下引领客户乘坐机坪 VIP 摆渡车到达公务机楼。

(14) 客户的行李由专人运送至公务机楼。

(15) 公务机公司有专人负责在公务机楼接机。

(16) 客户可以乘坐公务机公司提供的专车离开公务机楼，也可以自行离开公务机楼。

（二）托管式

托管式指的是客户自己拥有飞机，并将自有飞机交付给公务机公司运行管理，也可以理解为乘坐私家车方式出行。

公务机公司会根据客户飞行需求量，提供个性化管理服务，并为客户配备一名专属客户经理提供 24 小时管家式服务：全程安排飞行事宜；为客户监控飞机状态；为客户跟进飞机维修状态；专业地解决与飞机相关的一切需求；当客户飞机需要维护或保养时，提供备机服务。客户只需要一个指示，就能享受随时随地、自由快捷的专属飞行，同时，还可为客户提供飞机资产置换或处置，为客户飞机提供合理评估，寻找潜在买家、设计交易结构等全方位的飞机处置服务。

五、公务机的优势

(1) 最灵活便捷的交通运输方式。不同于商业航班的固定航线，公务机出行具有较高的自由度，客户可以自定义起降时间和起降地点，尽可能选择离商务旅行目的地近的机场来起降。

(2) 提高时间价值。客户无须候机、转机，乘机手续简单，最大限度地节省了行程时间。比如，一个人要到三个目的地进行考察，选择商业航班往往没有直飞，去三个目的地少说得用两三天时间，而公务机能一天内完成考察，节约了大量时间。

(3) 极佳的私密性与舒适性。对于政府要客、企业高管、文体明星等高端客户而言，乘坐公务机出行杜绝了与陌生人接触，行程消息完全保密。同时，公务机客舱配备有现代化的通信设备、沙发、床铺、浴室等，供客户办公、休闲使用。客户在旅途中既能商讨公务、处理文件，又能享受愉快的旅行体验。

（4）可通达性。公务机几乎可以到达任何地方，尤其是三四线城市及偏远小镇。

（5）良好的衍生广告效应。拥有公务机是企业经营业绩良好的信号，体现了公司对时间、效率和人力资源价值的极大关注，能树立企业良好的形象。企业用公务机接送重要客户，也会给客户留下深刻印象，促进公司的合作发展。

第二节　公务机市场概述

一、我国公务机市场的发展

我国公务机行业起步与发达国家相比较晚。从发展轨迹来看，我国经历了从没有公务机到有公务机，再到逐渐扩大规模的历程，这其中也出现了许多波折。我国公务机市场发展可以分为以下 4 个阶段。

（一）第一阶段：1995—2002 年

1995 年以前，我国的公务机市场一片空白。究其原因，除了受到空域、空管、机场和规章等方面的制约外，还与当时国内经济总量不足和人们的航空消费观念有关。

1995 年，海南航空公司建立了公务机分部（即现今的金鹿公务航空），并购买了一架二手的庞巴迪公司生产的里尔喷气 55 中型公务机，使国内公务机市场有了零的突破，如图 2-6 所示。随后，海航开始从事公务机包机业务，当时的包机客户主要是西方人士。

图 2-6　中国首架公务机——里尔喷气 55 中型公务机

随后，1997 年 8 月，湖南长沙远大空调集团引进了用于公司自用的塞斯纳 525 型公务机和贝尔 206 直升机各一架，成为我国第一家拥有公务机的民营企业。2002 年，山东航空公司成立了彩虹公务机公司，并引进了一架庞巴迪公司挑战者 604 飞机。我国公务机市场从此步入发展轨道。

（二）第二阶段：2003—2007 年

2003 年前后，我国的公务机市场几乎由海南航空旗下的金鹿公务航空有限公司、山东航空旗下的彩虹公务机有限公司和上海航空旗下的上海航空公务机公司三分天下。业务范围仍以包机为主，越来越多的中国客户开始使用公务机包机。尤其是 2003 年非典期间，由于担心非典病毒在普通航班上传播，许多客户开始使用公务机。2006 年，彩虹公务机有限公司退出了公务机市场，国内公务机市场也因此受挫，其他公务机公司在不断变化的市场形势中经历了许多艰辛。在 2008 年的金融危机逐渐散去之后，我国公务机市场才慢慢得到恢复。

（三）第三阶段：2008—2014 年

2008 年至 2014 年是我国公务机市场发展的爆发时期，使我国迅速成为全球公务机数量增长最快的市场。国内公务机公司也如雨后春笋般涌现，北京航空有限责任公司、美瑞公务机有限公司、东方公务航空服务有限公司、中一太客商务航空有限公司、亚联公务机有限公司、中信通用航空有限责任公司、北京首都航空有限公司、东海公务机有限公司等纷纷成立。据数据统计，2008 年至 2014 年间，我国公务机数量分别为 32 架、36 架、56 架、109 架、160 架、202 架和 211 架。年增长率分别为 12.5%、55.6%、94.6%、46.8%、26.25% 和 4.5%。喜人的增势表明我国公务机市场已经出现了各方积极入市、市场热度持续攀升的局面。

（四）第四阶段：2015 年至今

进入 2015 年，随着一些政策的出台，我国公务机消费和运营总量增长态势持续放缓，甚至进入负增长时期。2015 年在册公务机数量为 252 架，增长率为 19%，远低于第三阶段平均 40% 的涨幅。

2016 年以后，我国公务机市场进入新的发展阶段，这得益于国家及地方政府的支持，特别是国务院、民航局、发改委等部门相继发布了多条通用航空领域的政策，支持鼓励我国公务航空业的发展。各地都开始制定全面的通航发展规划，公务机目标客户群在逐年扩大，展现出巨大的发展潜力。同时，新的枢纽机场的建成或扩建，也给公务机运营带来了宽松的环境和发展机遇。随着中国经济的继续发展，逐年增加的高净值人群正在成为带动未来公务机飞行量高速发展的中坚力量。

根据 Frost & Sullivan 前瞻产业研究院整理的数据显示，2016 年至 2019 年，我国公务机市场运营的公务机数量分别为 293 架、318 架、317 架和 311 架。2019 年的公务机数量较 2017 年和 2018 年均有所减少，主要原因是受中美贸易摩擦以及经济增速放缓的影响，使公务机出行需求有所下降。但我国公务机运营市场规模仍然保持持续增长态势，2019 年中国大陆公务机运营市场规模达 62.1 亿元，同比增长 3.5%，2015 年至 2019 年四年间年均增长率达 8.5%。

截至 2020 年年底，我国公务机数量达到 326 架。

2020 年 7 月民航局印发《关于支持粤港澳大湾区民航协同发展的实施意见》支持大湾区公务航空发展，总体来看，国家通过制定相关的政策，规范我国公务航空的运营，通过重点鼓励有条件的地区发展公务航空，进而促进了整个公务航空业的发展。

二、我国公务机市场前景分析

我国的公务机发展拥有广阔的前景，但公务机市场的健康发展仍然任重而道远。完善的运行管理制度也需要相关企业和政府部门的共同努力，需要结合我国公务机发展现状和国内情况，深入分析我国公务机运行的影响因素和制约条件，不断更新公务机运行规章制度，优化公务机运行管理模式，完善公务机资源保障体系和服务管理制度，形成科学合理的公务航空文化，使公务机运行更加顺畅有序。

受到新冠疫情的影响，航空市场的"弹性"和"控制"的重要性持续凸显。有专家认为，现阶段商业航空公司的航班时刻表常因疫情被打乱，甚至有时几乎处于停滞状态，这让更多人认识到私人飞行所具备的高灵活性和控制性，也进一步凸显出公务机市场的价值与吸引力。我国公务机市场将展现三大趋势：从公务机包机及小时租赁开始迈向采购飞机、购买二手飞机的客人增加、能够飞远程的大型飞机将更受青睐。

从宏观上看，持续繁荣的经济走向为中国公务机市场发展创造了良好的经济大环境。随着经济全球化的深入及"一带一路"的实施，中国与世界各个国家、地区之间的经济往来将愈加密切，为扩大商业版图、提高企业知名度及影响力，中国企业家们将愈加频繁地前往世界范围的各投资地区进行实地考察，而灵活便捷的公务机将为其工作带来更多便利。

第三节 公务机运营商

一、公务机运营商的概念

公务机运营商，可以理解为运营公务机的公司，通常被称为公务机公司。比如，金鹿公务航空、东海公务机、亚联公务机、中一太客商务航空、华龙航空等，均属于公务机运营商，如图2-7所示。

图2-7 国内公务机运营商Logo

2020年11月，WTA世界旅游大奖发布最新榜单，华龙航空（Sino Jet）从全球范围内多家知名公司中脱颖而出，摘得"世界领先公务机公司"桂冠。这是华龙航空在蝉联亚洲领先公务机公司之后的再次突破性成就，意味着华龙航空在公务机运营及服务领域所作出的成绩受到了全球航旅业及客户的肯定和认可，也预示着以华龙航空为首的亚洲市场正在不断崛起，如图2-8所示。

图2-8 华龙航空获得"世界领先公务机公司"桂冠

2021年1月28日，在第十七届胡润至尚优品颁奖盛典上，作为亚太地区领先的公务机运营商——亚联公务机 (BAA)，凭借蜚声海内外的服务品质和卓越的品牌影响力，在众多品牌中脱颖而出，斩获胡润至尚优品 "BOB (best of best)" "最青睐的公务机运营商" 大奖，再次摘取中国千万富豪最青睐的"公务机运营商"大奖，印证了中国高净值人群对亚联公务机品牌的认可与信赖，如图 2-9 所示。

图 2-9　胡润与亚联公务机总裁合影

二、公务机运营商的数量

截至 2019 年年底，我国公务机运营商数量为 41 家，包括暂停或终止运营的有 4 家。其中，华北地区公务机运营商数量最多，主要集中在北京市，其次是广东省和上海市，如图 2-10 所示。

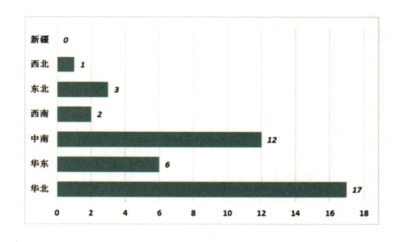

图 2-10　公务机运营商区域分布

三、机队规模

截至 2020 年年底,中国公务机市场机队规模达 342 架,是亚太地区最大的公务机机队。亚翔航空《2020 年亚太地区公务机机队报告》中指出,金鹿公务航空尽管经过一系列的业务转型,近年来机队规模有所缩减,但仍然是中国最大的公务机运营商;华龙航空凭借极具吸引力的托管收费方案,近年来机队规模发展迅速,目前稳二望一;亚联公务机和中一航空则分别位列第三和第四,如图 2-11 所示。

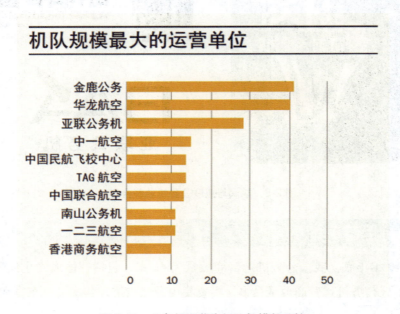

图 2-11 公务机运营商机队规模数量榜

四、业务范围

目前,国内公务机运营商的业务范围主要包括自有机队提供包机服务、为客户托管私人飞机、飞机维修服务、飞机销售服务和地面保障服务。不同的公务机公司,根据自身规模大小,业务范围有所增减。

(一)包机服务

公务机公司的包机服务通常包括以下几种形式。

(1)散客服务:客户按照公司报价支付包机费用。

(2)储值卡服务:客户预存不同额度的金额,在规定期限内使用,可以享受相应折扣优惠。图 2-12 为某公务机公司散客包机的价格与储值卡包机的价格。

图 2-12 某公务机公司包机价格

（3）小时卡服务：客户以优惠的价格选择购买不同小时数的小时卡，比如 10 小时、25 小时、50 小时等。

（4）整租服务：以小时作为计算单位的预付费产品，固定唯一机型，享有该飞机的唯一使用权。

（5）体验服务：公务机公司将已经确定日期的调机航段安排出行，使客户可以低价体验公务包机服务，如图 2-13 所示。

图 2-13 某公务机公司预订包机价格

（二）托管服务

公务机公司的托管服务，既可以为客户提供管理已有私人飞机的日常运行和维护工作，也可以为客户提供从购机、引进、交机、对接到日常运行与维修管理以及飞机资产置换或处置的全流程服务工作。公司会根据飞机的状态为客户量身定制飞机管理计划。

（三）维修服务

公务机公司获得 CCAR-145 部维修资质，公司技术人员持有 CAAC 及 FAA 机务维修执照，可以 24 小时为境内外公务机运营人、运行代理等提供专业的故障诊断和技术解决方案。

有的公务机公司还拥有维修机库和自有停机坪，提供飞机定期检修和航线放行、地面勤务、场地和工具设备租赁，以及技术支援服务，如图2-14所示。

图2-14　某公务机公司维修机库

（四）销售服务

客户无论是购买新机还是交易二手飞机，都可以通过公务机公司进行操作。公务机公司可以为客户定制专属个性化管理方案，从飞机交易的接洽与谈判开始，到介绍、配合交易融资，直到飞机检查与最终交付，提供全流程一站式服务。

（五）地面保障服务

有的公务机公司还可提供地面保障服务，业务范围针对私人飞机，涵盖医疗急救、商务飞行和包机飞行的专属客户服务；地面代理、航务咨询、维修咨询、专业航空器清洁服务等。比如，华龙航空倡导"一站式"的全链条优质服务，成立了远东航服。远东航服在上海、杭州、深圳、广州、成都、厦门、香港、澳门等城市设有运行和专职保障团队，为全球170多个国家和地区的商务机运营商提供全方位服务，服务网络覆盖全球近千座机场。金鹿公务航空的重要子公司——尊捷航空服务有限公司，由销售、管理、地面保障、飞机清洁及24小时呼叫支持等多个专业团队组成，为多家国内外公务机运营商提供着每年5000飞行小时以上的航班保障代理服务。

五、组织构架

结合公务机运营商的业务范围，国内的公务机运营商通常包含以下部门：运行保障部门、飞行部门、维修工程部门、维修培训部门、安全管理部门、标准技术管理部门、市场营销部门、战略投资部门、客舱服务部门、地面保障部门、财务部门、人力资源部门以及综合管理部门。

第四节　公务机 FBO

一、FBO 的概念

FBO，英文全称 Fixed Base Operator，即固定基地运营商。

FBO 模式起源于美国，是为通用航空飞机主要是公务机提供地面服务的运营商，包括飞机停场、加油、检修、清洁以及客户休息等综合服务。FBO 的位置独立于航站楼，通常在航站楼附近 2km 范围内。FBO 实施严格的人员和车辆进出管理制度，除了乘机人员、机组人员以及 FBO 工作人员以外，其他人员无法进入。

FBO 由公务机楼、公务机停机坪、机库和维修车间四部分组成。

二、FBO 的业务范围

FBO 的基本业务包括航线申请、气象服务、航油服务、飞机清洁与保养、飞机停场、飞机检修、旅客休息、餐饮与订餐服务等。随着市场多元化的需求，FBO 业务也延伸至飞机销售代理、飞机托管、飞机内饰设计、商务包机、酒店预订、旅游咨询、沙龙会展、广告传媒、航空租赁、金融保险、资本融资等服务内容，使 FBO 一站式服务的能力越来越强。

FBO 的业务范围与其所在的机场类型、地理位置、进出港飞机量、规模与性质等因素相关，并不能简单地一概而论。像纽约、伦敦、巴黎等国际化大都市都有成熟的机场群，其中，FBO 因其地理位置优越、场内设备良好，在统一管理下形成有序竞争，可为城市提供完善的公务机服务。比如纽约，由纽约——新泽西港务局管理的纽约机场群服务着全球最繁忙的空域，包括肯尼迪（JFK）、纽瓦克（EWR）、拉瓜迪亚（LGA）3 个大型机场和斯图尔特（SWF）、大西洋城（ACY）、泰特伯勒（TEB）3 个小型机场。其中，泰特伯勒机场是北美乃至全球公务航空用户最熟悉的机场之一，长期位居全球公务航空起降量前列。作为通过美国 FAA 认证的专用公务机机场，以私人飞行及商务飞行为主营业务，占地面积近 4 km^2，拥有 2 条跑道、6 座航站楼、27 个机库和有 5 家 FBO，只运营包机、公务机以及其他通用航空服务。

三、FBO 的数量

截至 2019 年年底，中国共有 FBO 设施 13 家，均位于各主要民用运输机场，与当地机场共同建设并享有垄断地位，初步构建起中国公务航空 FBO 服务网络。

北京、上海、广州、深圳这4座超一线城市均拥有FBO，天津滨海机场也于2015年正式启用，服务首都圈的公务机出行需求。江西南昌FBO是最新加入中国FBO服务网络的成员。江西南昌FBO是由江西空港贵宾服务有限公司和华龙航空联合打造的江西首家公务机候机楼，具备独立的安检功能，为江西地区的商旅客户带来全新的出行方式。

金鹿公务航空拥有中国最大的FBO集群。从2008年参与投资建设北京FBO开始，到目前为止已有深圳、三亚、海口、长沙、西安、南宁、桂林和杭州8家FBO投入运营，如图2-15所示。

图2-15　金鹿公务航空FBO集群

北京大兴国际机场已经于2019年9月正式投入运营，公务机航站楼的建设也于2019年12月27日开工，并在2021年11月正式投入使用，中国FBO服务网络又将增添一名新成员。

2021年4月23日，《成都日报》刊登了一则新闻，标题为《世界一流公务机FBO基地在双流启航》。4月22日，成都机场FBO规划发展战略合作签约仪式暨西南地区川藏快线公务救援飞机驻场签约仪式顺利举行。这标志着双流区在公务机FBO基地建设中取得了新突破，将朝着建设世界一流公务机FBO基地目标大步前行，致力于打造成渝世界级公务机FBO基地。双流区人民政府、四川机场集团航空地面服务有限公司分别与金鹿商务航空有限公司、北京华龙商务航空有限公司、中一太客商务航空有限公司、亚联公务机有限公司等签署战略合作协议。随着本次签约，金鹿商务航空等4家企业将在双流机场建立运营基地，积极投放运力，并与四川省机场集团航空地面服务有限公司共同启动公务机机务地面保障、维修等MRO能力体系建设，拓展公务机静态展示、小型航展、包机市场、定期论坛、高端品牌发布会等业务。活动现场，嘉宾共同为拉萨圣若公务航空急救飞机驻场剪彩，如图 2-16 所示。公务航空急救飞机驻场后，将以更便捷、更低成本开展高原医疗急救等服务。2021 年 6 月，随着天府国际机场的正式投运，成都航空枢纽格局迎来了重大变化：双流国际机场明确了以"快线化、精品化"为特征的商务客运发展方向。

图 2-16　嘉宾剪彩

全球目前约有 8000 家 FBO，其中，美国约有 3500 家，欧洲约有 2000 家，南美有 1000 家左右。相比之下，我国能够为公务机提供保障服务的各类 FBO 数量却不足 20 家。中国公务机市场运营着三四百架公务机，平均至少 20 架公务机才配有 1 个 FBO。在航空业发达的国家，约 3500 个 FBO 服务于 14000 多架公务机，平均每 4 架飞机就配有一个 FBO，其服务网络的通达性和成熟度为全球其他任何市场所望尘莫及。

四、国内 FBO 介绍

下面介绍几家国内 FBO 的情况。

1）首都公务机有限公司

首都公务机有限公司成立于 2000 年，以北京首都国际机场公务机楼作为运营场所，拥有独立公务机楼，楼内设有休息区、商务区、餐饮区以及具有独立的海关、边防、安检等联检通道，拥有 51 个公务机专用停机位，为来京公务机提供停场服务。根据客户的不同需求，首都公务机有限公司提供多种型号的公务机包机租赁服务，并为国内外公务机提供专业的地面代理服务，以及与公务包机相关的延伸服务，包括会议安排、酒店预订等，如图 2-17 和图 2-18 所示。

图 2-17　首都公务机有限公司大楼

图 2-18　首都公务机有限公司地面服务项目

2）上海霍克太平洋公务航空地面服务有限公司

2010 年 3 月，虹桥机场公务机基地建成启用，由合资组建的上海霍克太平洋公务航空地面服务有限公司负责运营管理。基地集地面保障、维护维修于一体，主要提供公务机的固定基地运营服务（FBO）、公务机维修（MRO）等产品和服务，如图 2-19～图 2-22 所示。

图 2-19　上海 FBO

图 2-20　贵宾服务

图 2-21　飞机服务

图 2-22　飞机维修

3）东海公务机

东海公务机是全国唯一拥有 15 万 m² 综合服务基地的公务机公司，位于深圳宝安国际机场的 FBO 楼作为东海公务机专业的运营场所，拥有公务机专用的停机坪、维修机库、贵宾休息室和独立的海关、边防、检疫等配套设施，同时拥有经验丰富的地面保障人员和维修工程人员，可为客户提供全天候的专业服务，如图 2-23 所示。

图 2-23　东海公务机

4）香港商用航空中心

香港商用航空中心 (HKBAC) 是亚洲地区内首屈一指的公务机营运基地，自 1998 年启用以来一直提供全面的航机技术支持、地勤以及旅客与机组人员的专属服务，包括航班协调策划、升降许可证申请、一站式海关及出入境检查、贵宾休息室服务、代订酒店、跨境租车服务、餐具清洗及洗衣服务、餐饮服务、航空器加油及卸油服务、短期及长期飞机库停泊方案、维修保养及检修支援协调、航机灭虫工作等多项服务。从 2008 年开始到 2021 年，HKBAC 连续 14 年获 Professional Pilot 杂志 PRASE Survey 投选为亚洲最佳公务机营运基地，如图 2-24 所示。

图 2-24　香港商用航空中心

第五节　公务机生产商与主要机型介绍

一、湾流宇航公司

湾流宇航公司(Gulfstream Aerospace)是世界上生产豪华、大型公务机的著名生产商，公司成立于1958年，总部位于美国佐治亚州萨凡纳。

机型包括G700、G650/G650ER、G600、G500、G550、G280，如图2-25所示。

图2-25　湾流机型系列

下面我们以G700、G550和G280为例，对湾流宇航机型作简单介绍。

（一）G700

湾流宇航公司2019年宣布推出全新旗舰机型——G700公务机，如图2-26所示。首架G700公务机于2022年在美国佐治亚州完成组装，并交付给卡塔尔商务包机公司。

图2-26　湾流G700公务机

该机型专为超远航程设计，可仅用12小时从多哈直飞纽约，配备罗尔斯-罗伊斯大推力全新发动机和屡获殊荣的Symmetry Flight Deck（和谐驾驶舱），直观的触摸屏式航电，搭配Phase-of-Flight智能技术，减少了飞行员的工作量及飞行准备时间，如图2-27所示。

图 2-27　湾流 G700 公务机驾驶舱

这款机型拥有业界最宽敞且最具创新性和灵活性的客舱，20 个业界尺寸最大的椭圆形全景舷窗、超低客舱压力高度、选装真正具备生物节律调节功能的照明系统以及多达 5 个起居区的 G700 公务机能让旅途的每一分钟都尽享舒适和高效，如图 2-28 所示。

图 2-28　湾流 G700 公务机客舱

（二）G550

G550 公务机是湾流宇航公司 2003 年推出的新机型，凭借着现代公务航空标志性优美的外形和精益求精的性能，持续赢得赞誉，如图 2-29 所示。

图 2-29　湾流 G550 公务机

G550 率先采用 Plane View 驾驶舱，堪称业界安全标杆，推进了公务航空的发展。客舱可设置多达 4 个起居区，容纳乘客数多达 19 人或者卧铺位多达 8 位，14 个湾流特有的椭圆形舷窗为客舱带来充裕的自然光，Jet ConneX 无线网络能帮助提高工作效率，如图 2-30 所示。

图 2-30　湾流 G550 公务机客舱

（三）G280

2008年10月5日，湾流宇航公司宣布推出G280公务机，2009年10月6日首次飞行。G280以应对高难度跑道的性能重新定义了超中型公务机。大角度进近认证意味着G280能轻松适应短跑道、高海拔机场及低能见度条件。革新性机翼设计和发动机技术带来高燃油效率，不仅可减少运营成本，还可支持环境可持续发展，如图2-31所示。

图2-31　湾流G280公务机

G280客舱包括两个起居区、设施齐全的厨房、空间充足的行李舱，以及带有两个舷窗和一个全尺寸橱柜的通风洗手间，拥有可供5名乘客睡眠的卧铺位或者容纳10人的座位，如图2-32所示。

图2-32　湾流G280公务机客舱

表 2-1 是 G700、G550 和 G280 三种机型的性能数据，仅供参考。

表 2-1

机型	G700	G550	G280
最大航程	13890km	12501km	6667km
高速巡航速度	0.90M	0.85M	0.84M
远程巡航速度	0.85M	0.80M	0.80M
最大飞行速度	0.925M	0.885M	0.85M
起飞距离	1905m	1801m	1448m
初始巡航高度	12497m	12497m	13106m
最大巡航高度	15545m	15545m	13716m
机高	7.75m	7.87m	6.50m
机长	33.48m	29.39m	20.37m
总翼展	31.39m	28.50m	19.20m
客舱长度（不含行李舱）	19.41m	13.39m	9.83m
客舱容积	73.71m^3	47.26m^3	26.48m^3
行李舱容积	5.52m^3	4.81m^3	3.40m^3

二、庞巴迪宇航公司

庞巴迪公司 (Bombardier) 是一家总部位于加拿大魁北克省蒙特利尔的国际性交通运输设备制造商，主要产品有支线飞机、公务喷气飞机、铁路及高速铁路机车、城市轨道交通设备等。庞巴迪宇航公司 (Bombardier Aerospace) 隶属于庞巴迪公司，总部位于蒙特利尔。

其机型包括里尔（Learjet）、挑战者（Challenger）、环球（Global）三个系列，分别是里尔 75 自由者、挑战者 350、挑战者 650、环球 5500、环球 6500、环球 7500 和环球 8000。

下面我们以里尔 75 自由者、挑战者 650 和环球 7500 为例，对庞巴迪宇航的机型作简单介绍。

（一）里尔 75 自由者公务机

庞巴迪宇航公司于 2019 年第二季度对外公布全新升级里尔 75 轻型公务机，名为里尔 75 自由者（Learjet75 Liberty），并于 2020 年交付使用，如图 2-33 所示。

该机型在原有里尔 75 公务机设计的基础上改良了客舱的设计，舱内最多座椅数由原来的 8 座改为 6 座，私密、安静的前舱行政套间可提供宽敞空间和腿部位置，提升了工作或休息体验，后舱宽敞的四座俱乐部式布局，专为安静思考、交谈和提高办公效率而设计。这样既能让乘客拥有更加宽敞舒适的乘机体验，又能进一步降低飞机的整体重量，如图 2-34 所示。

图 2-33 里尔 75 自由者公务机

图 2-34 里尔 75 自由者公务机客舱

表 2-2 是里尔 75 自由者的性能数据，仅供参考。

表 2-2

最大航程	起飞距离	最大运营高度	初始巡航高度	高速巡航速度
2080 海里	4440 英尺	51000 英尺	45000 英尺	0.79 马赫
飞机长度	机身高度	翼展	客舱长度	客舱宽度
58 英尺	14 英尺	50 英尺 11 英寸	19 英尺 10 英寸	5 英尺 1 英寸

（二）挑战者 650 公务机

挑战者 650 公务机，曾被称为挑战者 605NG，于 2015 年年底投入运营。低航材成本、长维修间隔、出色的燃油效率，使其成为企业飞行部门和包机运营商的热门飞机，如图 2-35 所示。

图 2-35　挑战者 650 公务机

挑战者 650 客舱内最多可容纳 12 名乘客。该机型拥有庞巴迪专享的客舱管理系统，实现信息和娱乐的轻松切换。可以提供基于 Ka 波段技术的全球快速互联网连接，视频会议、流媒体直播或在线游戏不再受到限制。从标志性的金属边饰到巧妙的折叠桌，都带来舒适卓越的公务机体验，如图 2-36 所示。

图 2-36　挑战者 650 公务机客舱

表 2-3 是挑战者 650 的性能数据，仅供参考。

表 2-3

最大航程	起飞距离	最大运营高度	初始巡航高度	高速巡航速度
4000 海里	5640 英尺	41000 英尺	37000 英尺	0.82 马赫
飞机长度	机身高度	翼展	客舱长度	客舱宽度
68 英尺 5 英寸	20 英尺 8 英寸	64 英尺 4 英寸	25 英尺 7 英寸	7 英尺 11 英寸

（三）环球 7500 公务机

环球 7500 公务机于 2018 年如期推向市场，是庞巴迪宇航公司一款大型远程旗舰机型，如图 2-37 所示。

图 2-37　环球 7500 公务机

环球 7500 最多可容纳 19 名乘客。环球 7500 客舱内采用豪华装潢，设有四个独立的起居空间，可设置配有双人大床的主人套房、机组专用套房和完整的厨房。Nuage 座椅的深度倚靠特点是公务机座椅 30 年来在操作和设计上意义重大的变革。庞巴迪清新空气(Pūr Air) 是一套精密的空气净化系统，采用先进的高效空气过滤器（HEPA filter），能捕捉高达 99.99% 的变应原、细菌和病毒，同时在短短 90 秒内以 100% 新鲜空气完全替换客舱空气，实现空气净化与清洁。均匀分布的大舷窗为环球 7500 带来更多自然光线，为每名乘客提供一个靠窗座椅，如图 2-38 所示。

图 2-38　环球 7500 公务机客舱

表 2-4 是环球 7500 的性能数据，仅供参考。

表 2-4

最大航程	起飞距离	最大运营高度	初始巡航高度	高速巡航速度
7700 海里	5640 英尺	51000 英尺	43000 英尺	0.90 马赫
飞机长度	机身高度	翼展	客舱长度	客舱宽度
111 英尺	27 英尺	104 英尺	54 英尺 5 英寸	8 英尺

三、达索公司

达索公司 (Le Groupe Dassault) 是法国第二大飞机制造公司，也是世界主要军用飞机制造商之一，具有独立研制军用和民用飞机的能力，公司总部设在巴黎。

达索公司的业务可分为军机、民机和航天产品三个部分。原先，达索主要从事军用飞机的制造，在拿下几乎法国政府所有战斗机合同后，达索决定进入民用航空市场，投入到当时蓬勃发展的公务机领域。1963 年，达索公司创始人马塞尔·达索设计出第一代公务机——神秘 20，这也是法国首款公务喷气机，三个月后，美国泛美航空一次订购了 40 架神秘 20，从而拉开了达索公务机家族的序幕。

达索公务机家族被称为达索猎鹰（Dassault Falcon），机型包括 Falcon900DX/LX/EX、Falcon2000DX/LX/EX、Falcon8X/7X/6X 等，如图 2-39 所示。

图 2-39 达索猎鹰公务机图谱

2021 年 5 月，达索猎鹰正式启动 Falcon10X 公务机研制工作，打造具有最大客舱空间和最新技术的超远程公务机，预计在 2025 年获得认证并投入使用，如图 2-40 所示。

图 2-40　Falcon10X 公务机想象图

下面我们以 Falcon7X 为例,对达索猎鹰公务机作简单介绍。

Falcon7X 公务机是达索猎鹰系列的旗舰机型,具有时尚优雅的设计风格。2001 年提出研制计划,首次采用全电传操纵,使用全数字飞行控制系统,2005 年 5 月 5 日首飞,2007 年 4 月获得法国和美国的适航证书,到目前为止,已经有 200 多架 Falcon7X 交付到几乎遍及全球的各个角落。其外观具有显著的标志性特点——三台涡扇喷气发动机,目的是为了提供更慢、更安全的进近和着陆速度,如图 2-41 所示。

图 2-41　Falcon7X 公务机

Falcon7X 的客舱被分为三个完全隔离的区域,可为乘客提供更为私密的工作空间与私人休息空间。客舱内饰可根据客户需求进行定制,如图 2-42 所示。客舱采用了"声学静化技术",极大地降低了在飞行中常见的噪声,飞行中客舱内仅 50 分贝左右。

图 2-42　Falcon7X 公务机客舱样式

表 2-5 是 Falcon7X 的性能数据，仅供参考。

表 2-5

最大航程	最大飞行速度	最大载客量	最大起飞重量	最大着陆重量
11019 公里	0.9 马赫	12～16 人	70000 磅	62400 磅
飞机长度	机身高度	翼展	客舱长度	客舱宽度
76.08 英尺	25.67 英尺	86 英尺	39.07 英尺	92 英寸

四、巴西航空工业公司

巴西航空工业公司（Embraer S. A.）是巴西的一家航空工业集团，成立于 1969 年，业务范围包括商用飞机、公务飞机和军用飞机的设计制造以及航空服务。该公司现已跻身世界四大民用飞机制造商之列，成为世界支线喷气客机的最大生产商。

2000 年公司进入公务航空市场，提供从超轻型到超大型全系列产品的公务机，产品包括飞鸿系列（Phenom）、莱格赛系列（Legacy）和世袭 1000（Lineage1000），其中，飞鸿系列有飞鸿 100/300，莱格赛系列有莱格赛 450/500/600/650，如图 2-43 所示。

通用航空制造商协会在 2021 年 2 月公布了一项数据，巴航工业飞鸿 300 系列连续第 9 年荣膺全球最畅销轻型公务机。2020 年，巴航工业共交付了 50 架飞鸿 300 系列轻型公务机，成为全年交付量最大的轻型公务机。该项目最初于 2005 年启动，自 2009 年 12 月投入市场运营以来，该系列交付量累计已逾 590 架。

图 2-43　巴航工业公务机系列

下面以飞鸿 300 和莱格赛 500 为例，对巴航工业的公务机作简单介绍。

（一）飞鸿 300 公务机

飞鸿 300 轻型喷气公务机是业内公认最具影响力的公务机机型之一，屡获国际设计及创新大奖。带有翼梢小翼的后掠翼以及现代化机载系统都是飞机的设计亮点，提升了飞机的飞行性能，客舱内部由巴航工业与宝马集团美国设计工作室携手设计，布局宽敞舒适，最多可容纳 9 名乘客，如图 2-44 所示。

图 2-44 飞鸿 300 公务机客舱样式

表 2-6 是飞鸿 300 的性能数据,仅供参考。

表 2-6

最大航程	最大飞行高度	最大载客量	最大起飞重量	最大着陆重量
3650km	13700m	6 人	8150kg	7650kg
飞机长度	机身高度	翼展	客舱长度	客舱宽度
15.6m	5.10m	15.9m	5.24m	1.55m

(二)莱格赛 500 公务机

莱格赛 500 公务机是全球首款采用全电传操纵系统和侧杆操控技术的中型喷气公务机,可在飞行的各个阶段提供全面的包线服务,减轻飞行员工作负荷,使飞行更加平稳。飞机的驾驶舱还配备了最先进的罗克韦尔柯林斯航电系统,并可选装自动刹车系统、平视显示器和增强型视景系统,如图 2-45 和图 2-46 所示。

图 2-45　莱格赛 500 公务机驾驶舱

图 2-46　莱格赛 500 公务机

2008 年莱格赛 500 项目启动，于 2012 年 10 月成功首飞。自 2015 年 8 月交付市场以来，在全球已售出 60 余架。莱格赛 500 凭借出类拔萃的设计，获得了 2010 年度国际最佳工业设计奖——巴西设计大奖。

这款飞机拥有同级别机型中最出众的客舱增压功能。即使飞机在最大飞行高度（13716 米）飞行时，乘客仍能像在 1828 米海拔的高度一样舒适地工作和休息。

莱格赛 500 的客舱标准布局采用俱乐部座椅布局，客户可根据自身需求在客舱中选装后部侧向沙发。若在旅行中感到疲惫，乘客还可以将俱乐部式座椅两两展开拼接成床，轻松地小憩片刻，如图 2-47 所示。

客舱设计是巴航工业公务机产品研发的重要环节，莱格赛 500 在内饰细节上极其考究，除了采用珍贵原材料装饰客舱外，考虑到男女客户在审美上的差异，还推出了定制款内饰。男士定制款内饰大量运用黑色、棕红色、深蓝色等颜色，象征力量、荣耀与自豪；女士定制款内饰采用明亮的浅色为主调，配合精致的内饰花纹设计，如图 2-48 所示。

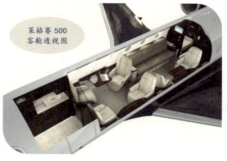

图 2-47　莱格赛 500 公务机客舱布局

图 2-48　莱格赛 500 公务机定制款客舱样式

表 2-7 是莱格赛 500 的性能数据，仅供参考。

表 2-7

最大航程	最大飞行高度	最大载客量	最大飞行速度	客舱高度
5788km	13716m	12 人	0.83 马赫	1.83m
飞机长度	机身高度	翼展	客舱长度	客舱宽度
20.52m	6.74m	20.25m	8.17m	2.09m

五、空中客车公司

空中客车公司 (Airbus) 是欧洲一家飞机制造研发公司，1970 年 12 月于法国成立，总部设在法国图卢兹。

空中客车公务机系列（Airbus Corporate Jets，ACJ）源于空客民用飞机系列，致力于打造最舒适和最丰富功能性的独特飞行体验。机型包括ACJ220、ACJ319neo、ACJ320neo、ACJ330neo和ACJ350XWB。

下面以ACJ320neo和ACJ330neo为例，对空客公务机系列作简单介绍。

（一）ACJ320neo公务机

ACJ320neo的原型是全球最畅销机型A320neo系列飞机，如图2-49所示。2018年11月16日，全球首驾ACJ320neo在汉堡成功首飞，整个飞行时间持续2小时40分钟。

图2-49　ACJ320neo公务机

ACJ320neo可以搭载25名乘客，飞行6000海里（11112km），或不经停飞行超过13小时。ACJ320neo的客舱内饰可以完全客户化，客户可选择各种宽敞客舱方案，打造独一无二的空间，带来兼具最佳舒适度和功能性的组合，如图2-50所示。

图2-50　ACJ320neo公务机客舱布局

（二）ACJ330neo 公务机

2017 年 5 月，空中客车公务机推出 A330neo 飞机的公务机版本——ACJ330neo，如图 2-51 所示。

图 2-51　ACJ330neo 公务机

ACJ330neo 不仅使用了全新一代的发动机，还进行了气动性能和其他方面的改进，在舒适度、效率方面更上一层楼，实现了名副其实的全球直飞航程。ACJ330neo 可以搭载 25 名乘客，飞行 10400 海里（19260km），或不经停飞行超过 21 小时。

ACJ330neo 的客舱十分宽敞，拥有极大的自由发挥空间，可以灵活满足客户的定制需求。在远途飞行中，人们不仅需要时间来工作和社交，同时也需要有充足的休息时间。ACJ 和谐客舱（ACJ330neo harmony）以精心的设计理念,满足客户的这些需求。整体来说，ACJ 和谐客舱呈现一种典雅设计风格，给人历久弥新之感，如图 2-52 所示。

图 2-52　ACJ330neo 公务机客舱布局

六、波音公司

波音公司是全球最大的航空航天工业公司,也是世界领先的民用飞机和防务、空间与安全系统制造商,以及售后支持服务提供商。波音公司的总部位于芝加哥,公司下设三个业务部门:民用飞机集团,防务、空间与安全集团,以及波音全球服务集团。

波音公务机(Boeing Business Jets,BBJ)将商业航空最好的产品带入到私人航空旅行领域,为个人、企业和政府客户提供了广泛的、可定制的、独特的公务机产品。这些飞机卓越的特性,加上专门为私人飞机市场而进行的内饰装修,可以提供更大更多的私人空间以及无与伦比的可靠性和全球支援,也为客户提供了超凡的价值。

波音公务机包括 BBJ737 系列、BBJ787 系列、BBJ777 系列和 BBJ747-8,如图 2-53 所示。

图 2-53 波音公务机系列

其中,BBJ737 系列包括 BBJ MAX 7、BBJ MAX 8 和 BBJ MAX 9;BBJ787 系列包括 BBJ 787-8 和 BBJ 787-9;BBJ777 系列包括 BBJ777-200LR、BBJ777-300ER、BBJ777-8 和 BBJ777-9。

下面以 BBJ MAX 8 和 BBJ787-8 为例,对波音公务机系列作简单介绍。

(一)BBJ MAX 8 公务机

BBJ MAX 8 基于全新 737 MAX 飞机发展而来。2013 年 10 月,波音公司宣布有意推出 BBJ MAX 8,如图 2-54 所示,进一步巩固波音公司在大型客舱、超长航程公务机市场的统治地位。

2018 年 4 月,首驾 BBJ MAX 8 公务机完成总装,从西雅图起飞前往改装厂,根据客户要求为其安装 VIP 客舱,并于 2018 年年底交付客户使用。为了纪念第一次交付,波音公务机推出了一个新的客舱布局概念,将其命名为 Genesi,如图 2-55 所示。

图 2-54　BBJ MAX 8 公务机

图 2-55　BBJ MAX 8 公务机 Genesi 概念客舱

　　BBJ MAX 8 客舱面积达到 95.2m^2，空间上的优势使其可以安装前舱或后舱长沙发椅、可后仰平躺的座椅、大号双人床的主卧套间、全尺寸淋浴间、专门的餐厅、带有通道的私密办公室以及四人并排的 VIP 座椅或者六个并排的随员座椅等，如图 2-56 所示。

（二）BBJ 787-8 公务机

　　波音 787 被称为梦想客机（Dreamliner），由 787 改进的 BBJ 787-8 是波音公司近百年来飞机设计和制造的高峰杰作，如图 2-57 所示。通过将新型轻质材料与数十年的工程经验相结合，可为客户提供宽体空间、高速巡航、无与伦比的客舱环境和超远的航程。

图 2-56　BBJ MAX 8 公务机 客舱布局

图 2-57　BBJ 787-8 公务机

BBJ 787-8 客舱面积为 217.4m^2，可容纳多个私人睡眠区和专用的生活空间等。无论是家庭聚会还是商务用餐，BBJ 787-8 都可以提供全尺寸正式餐桌；单独的办公区域确保商务会谈不会干扰到其他乘客；宽大的会客区区域可以构建各种功能空间；VIP 主卧套间包含大号或超大号双人床以及全尺寸淋浴间，如图 2-58 和图 2-59 所示。创新的舷窗更具智能性，可单独或整体电子调光。最大巡航高度时的飞机客舱增压从 8000ft 降到 6000ft，可减轻乘客疲乏和头痛感，使旅途更舒适。

图 2-58　BBJ 787-8 公务机多功能区

图 2-59　BBJ 787-8 公务机的餐厅、办公室及主卧

七、德事隆航空

德事隆（TEXTRON）是一家多产业集团公司，旗下企业由五个事业部组成：贝尔直升机、德事隆航空、工业、德事隆系统和金融。其涉及行业包括航空、防务、特种车辆、草坪养护和油箱系统等。

德事隆航空（TEXTRON AVIATION）是通用航空业界权威，旗下拥有塞斯纳（Cessna）、比奇（Beechcraft）和豪客（Hawker）三大领先品牌，产品在全球现役通用航空飞机中占据半数以上。五个主要业务领域包括喷气商务机、通用航空和特殊任务涡桨飞机、高性能活塞飞机、军用教练和战斗机，以及完善的全球客户服务体系。德事隆航空已向全球143个国家交付25万多架飞机。公司丰富的产品线包括畅销全球的奖状系列商务机、空中国王和大篷车涡桨飞机，以及T-6军用教练机。

（一）塞斯纳

塞斯纳飞机公司成立于1927年，总部位于美国中部堪萨斯州维奇塔市，是世界上设计与制造轻/中型商务飞机、涡轮螺旋桨飞机，以及单发活塞式发动机飞机的主要厂商，自1991年起，成为德事隆集团的子公司。塞斯纳飞机主要有3个品牌：塞斯纳单发（S.E.P）飞机、大篷车（Caravan）系列和奖状系列（Citation）飞机。

塞斯纳奖状公务机已有40多年的历史，奖状系列公务机群也是目前世界最大的公务机群。产品包括奖状君主（Citation Sovereign+）、奖状经度（Citation Longitude）、奖状纬度（Citation Latitude）、奖状XLS+（Citation XLS+）、奖状CJ3+（Citation CJ3+）、奖状M2（Citation M2）和奖状CJ4 GEN2（Citation CJ4 GEN2）等。

我们以奖状经度飞机为例，对塞斯纳奖状系列作简单介绍。

2012年5月，塞斯纳宣布了一款新的超中型公务机——奖状经度，如图2-60所示。

图2-60　塞斯纳奖状经度飞机

奖状经度可容纳2名机组人员和8名乘客，另有1名可选机组的座位。客舱座椅配置包括双俱乐部8座椅布局，或者前部4人俱乐部座椅、后部3人沙发加娱乐柜的组合，如图2-61所示。为了增加远程飞行的舒适性，客舱配备了双区域温度调节，全功能厨间包括微波炉、冷藏和加压供水系统。飞机配备大空间盥洗间和真空辅助抽水马桶。为奖状系列公务机量身打造的智能客舱技术——Clairity技术，将作为奖状经度的标准配置为每位乘客提供"顶级的互联体验"。

图2-61 奖状经度公务机客舱布局

表2-8是奖状经度的性能数据，仅供参考。

表2-8

最大航程	最大飞行高度	最大巡航速度	最大飞行速度	最大载客量
6482km	13716m	895km/h	0.86马赫	12人
飞机长度	机身高度	翼展	客舱长度	客舱宽度
22.3m	5.9m	21m	7.7m	1.96m

（二）比奇

在航空业刚刚开始起步时，比奇这个品牌就已经诞生了。1932年，沃尔特·比奇（Walter H. Beech）和奥利夫·安·比奇（Olive Ann Beech）夫妇成立了比奇飞机公司，该公司是美国通用及军用飞机生产商,其生产范围上至商用飞机及军用运输机,下至单引擎小型飞机。在 20 世纪中后期的大部分时间里,比奇飞机公司一直保持着通用航空制造领域三巨头之一的地位,其所生产的飞机为整个行业建立了基准。1974 年,比奇交付了第一架比奇空中国王 200 型公务飞机,为公务飞机的宽敞客舱、速度和旅客舒适度确立了新标准。德事隆航空收购比奇飞机之后,比奇品牌变得更加强大了。

比奇飞机产品能够满足客户对多功能性的需求,可以完成空中救护、短途通勤等各类特殊任务。比奇系列飞机能够在水上、未铺设跑道或短跑道上起降,搭载乘客去到其他飞机难以到达的区域探索与冒险。乘客可以在比奇飞机高端舒适的客舱中放松休息或在飞行过程中轻松办公。

比奇飞机包括空中国王(King Air)系列、德纳利(Denali)、男爵(Baron)和富豪(Bonanza)。机型分别是空中国王 360ER、空中国王 360、空中国王 260、德纳利、男爵 G58 和富豪 G36。

其中,空中国王系列飞机一直以来广受运营商的赞誉,2024 年是比奇空中国王问世 60 周年。2020 年 12 月,德事隆航空推出了新一代机型——比奇 260 空中国王涡桨飞机,该机型最多可容纳 9 人,最长航程为 3185km,最高巡航速度为 574km/h,如图 2-62 所示。客舱内部简单而精致,如图 2-63 所示。

图 2-62　空中国王 260 公务机

图 2-63 空中国王 260 公务机客舱布局

表 2-9 是空中国王 260 的性能数据,仅供参考。

表 2-9

最大航程	最大飞行高度	最大巡航速度	客舱宽度
3185km	10668m	574km/h	1.37m
飞机长度	机身高度	翼展	客舱长度
13.4m	4.5m	17.65m	5.1m

亚翔航空发布的《2020年中国通航报告》显示,公务机生产商方面,有着公务机中的"苹果"之称的湾流依然霸占榜首,市场份额达36%,庞巴迪、德事隆航空、达索和巴航工业分别凭借28%、13%、10%和5%的市场份额占据第二名至第五名,如图2-64所示。

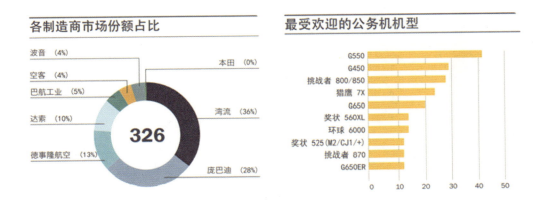

图 2-64 公务机市场份额占比图及最受欢迎机型图

思考题

1. 什么是公务机？
2. 什么是FBO？
3. 公务机运行方式有哪些？
4. 公务机出行的优势有哪些？
5. 简述公务机与公共航空运输的差异。
6. 公务机运营商的业务范围有哪些？
7. 简述FBO的作用。
8. 主要公务机生产商有哪些？
9. 里尔75自由者是哪个公务机生产商制造的飞机？
10. 达索公司是哪个国家的？
11. 世袭1000是哪个公务机生产商制造的飞机？

第三章
公务机客舱介绍

公务机客舱装饰的目的是为客户提供舒适、便捷、宜人的乘坐环境。客舱装饰是一个比较复杂的系统,涵盖了公务机客舱的照明、电源、环控、通信、娱乐、办公、餐厨、盥洗、家具、家电、装潢等客舱内的全部设备和器具,构成了客户旅行中活动的内部环境。

第一节　公务机客舱装饰

公务机客舱装饰不仅需要艺术创作，还需要高超的航空工程技术水平。目前，公务机客舱装饰分为两种：菜单式和定制式。

菜单式指的是飞机生产商预先对飞机客舱内部装饰进行设计，并将不同的设计方案分割为多种模块，提供给客户一系列可选项目，包括设备、客舱功能区域布局、家具、面料、材质、色彩搭配等，客户根据自己的需求进行自由组合搭配，由生产商或指定的专业飞机装饰厂家确定方案并施工。

定制式则没有预设蓝本，完全由客户提出构想，根据客户的要求，专业的飞机内饰厂商先绘制整体布局图，再由工程师核实布局是否符合适航要求，随后确定配色风格、客舱内饰材料，接着绘制客舱的立面图，最后制作客舱效果图和三维动画，经过反复的沟通与调整，确定设计方案，再进行施工。每一架定制式的客舱装饰都是独一无二的，使客户最大限度地彰显个性与展示风格。

图 3-1 是某公务机运营商自有飞机客舱内部装饰图片，属于菜单式设计。

图 3-2 是北京飞机维修工程有限公司（Ameco）在 2014 年上海商务航空展上发布的公务机内饰设计主题"丝路"。

图 3-3 是 2019 年亚洲商务航空大会及展览会上，一架 ACJ319 飞机客舱内饰展示。客舱内包括两个宽敞的休息区、一个会议兼用餐区以及一个带有独立浴室的卧室和私人办公室，全部由爱马仕设计，并使用了大量真皮材料。

一、客舱装饰原则

公务机客舱装饰以美观、实用、简约、彰显个性以及便于维护为原则。

（1）按照人机工程学的原理进行设计和选材，从总体布局、视觉效果、环境控制、简明标识等角度全方位保障客户的安全。

（2）客舱装饰的结构设计、选材、应急指示标志等要严格按照民用航空相应的技术标准执行。

二、客舱装饰与区域划分

公务机客舱装饰还需要根据飞机的使用目的，合理规划客舱区域。一般而言，公务机客舱分为会议区域、餐厅区域、休闲娱乐区域、办公区域、卧室区域和厨房以及卫生间，有的飞机还配有机组休息区。根据机型大小的不同，各区域功能有所增减。合理选择功能和区域的组合，才能充分满足客户在客舱内的活动需要。

莱格赛650

挑战者300

世袭1000

图 3-1　某公务机运营商自有飞机客舱图片

图 3-2　Ameco 发布公务机内饰设计主题"丝路"

图 3-3　爱马仕风格客舱内饰

三、客舱装饰造型设计

公务机客舱装饰的造型是体现风格的标志,代表客户的情趣与风雅。它的组成元素包括线条、图案、色彩、明暗、材质与质感等。在菜单式装饰方案中,客户通过选择、组合不同的材料、图案、色彩与明暗搭配来体现个性与风格。在定制式装饰中,通过对天花板、地板、座椅、家具的样式进行个性化设计,塑造出不同风格特点的客舱样式,或者选择某一种艺术、文化风格作为基调,进行设计。

造型设计的关键是要结合公务机的总体布局要求以及机舱结构特点,综合考虑美学、人机工程学、材料工艺学等方面的因素,协调客舱的空间关系、空间尺寸、空间比例,使公务机有限的客舱环境合理、舒适、科学。

此外,客舱装饰造型设计时,还要考虑以下设备布局:洗手间与厨房设备;氧气瓶、灭火瓶等应急设备;应急出口;各类提示、警告、说明标志等。

第二节 公务机客舱设备配置

公务机客舱设备主要由应急设备、厨房设备、客舱设备、卫生间设备、客舱通信与娱乐系统以及其他客户选装设备组成。

一、应急设备

应急设备是飞机上必不可少的一项配置,公务机客舱的应急设备,根据机型的大小、内容、数量和位置略有不同,通常包括便携式氧气瓶(配有两个氧气面罩)、海伦灭火瓶、防护式呼吸装置、应急手电筒、应急医疗药箱、救生衣、救生绳索、救生船、医疗氧气出口、应急定位发射机等。

图 3-4 是某 Falcon7X 飞机的平面图,该飞机上应急设备分布如图 3-5 所示。

图 3-6 是某 G280 飞机的平面图,该飞机上应急设备分布如图 3-7 所示。

图 3-8 是某 G280 飞机客舱内应急设备的实物图片。

二、厨房设备

公务机的厨房通常位于客舱前部,根据机型不同,分为单侧厨房和双侧厨房两种,如图 3-9 中红框标注位置所示,分别是湾流 G280 飞机和巴航工业 Lineage1000 飞机的厨房位置。

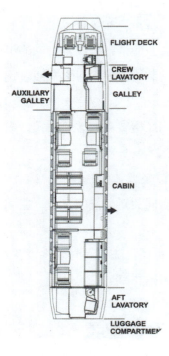

- FLIGHT DECK 驾驶舱
- CREW LAVATORY 机组洗手间
- AUXILIARY GALLEY 副厨房
- GALLEY 主厨房
- CABIN 客舱
- AFTER LAVATORY 主宾洗手间
- LUGGAGE COMPARTMENT 行李储藏室

图 3-4 某 Falcon 7X 飞机平面图

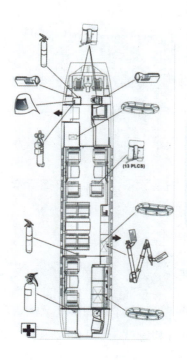

- 3个海伦灭火瓶
- 13件旅客救生衣和3件机组救生衣
- 2个充电式手电筒
- 1个急救箱和1个应急药箱
- 1个便携式氧气瓶,配有两个氧气面罩
- 1个机组防烟面罩
- 1根迫降救生索

图 3-5 某 Falcon 7X 飞机应急设备分布图

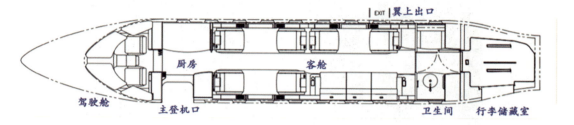

图 3-6　某 G280 飞机平面图

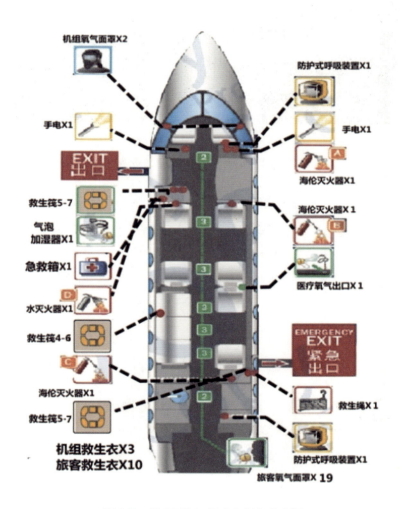

图 3-7　某 G280 飞机应急设备分布图

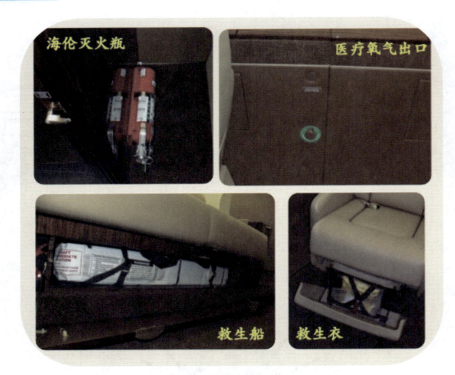

图 3-8　G280 客舱内的应急设备

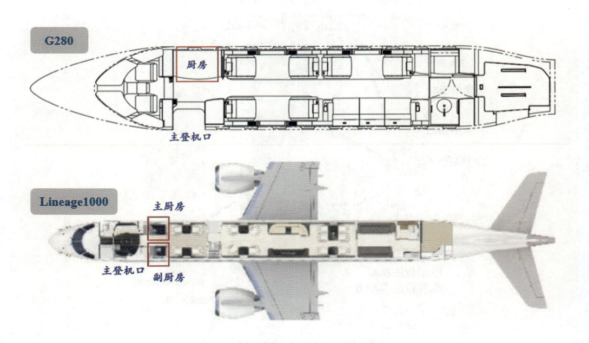

图 3-9　公务机厨房位置

公务机厨房样式如图 3-10 所示。

图 3-10　公务机厨房样式

厨房内设备包括控制面板、咖啡机、微波炉、烤箱、冷藏柜、储物柜、冰盒、水槽、垃圾箱等。根据机型不同，设备的存放位置略有不同，设备数量略有增减。

我们以 Falcon7X 飞机为例进行说明。Falcon7X 飞机的厨房位于客舱前部两侧，分为主厨房和副厨房，如图 3-11 所示。厨房设备基本安装在主厨房内，如图 3-12 所示。

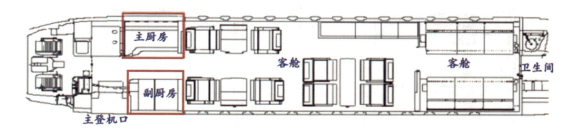

图 3-11　Falcon 7X 飞机厨房位置

图 3-13 是飞机上厨房设备的实物图片。

三、客舱设备

公务机的客舱设备主要是单人座椅、双人座椅、弧形沙发、三人沙发、折叠桌板、四人会议桌、餐桌、双人床等，根据机型大小，配置有所不同。其中，单人座椅的靠背可以向后放倒至平躺位置，如图 3-14 所示；三人沙发只要向外拉动金属把手，就会展开成为沙发床，如图 3-15 所示；折叠桌板储藏在单人座椅旁侧壁板处，使用时将桌板拉出，平行放置，如图 3-16 所示；四人会议桌可以调整高度当作咖啡桌或者餐桌使用，如图 3-17 所示。

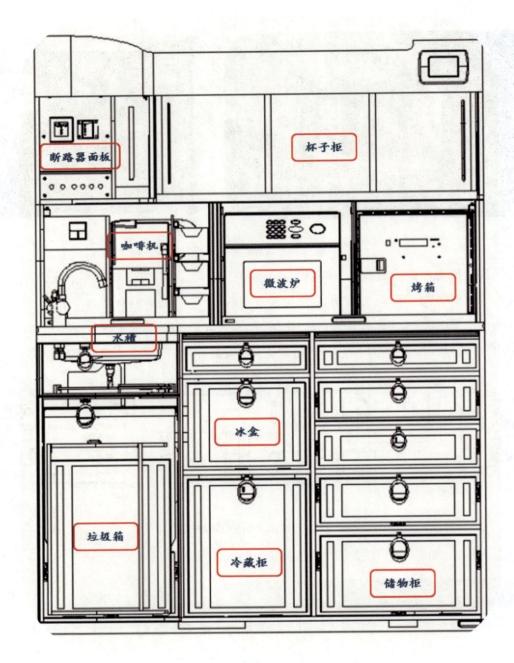

图 3-12 Falcon 7X 飞机主厨房设备分布图

图 3-13　厨房设备

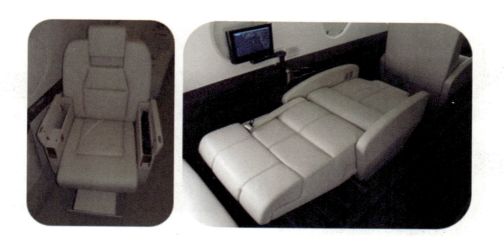

图 3-14　客舱单人座椅

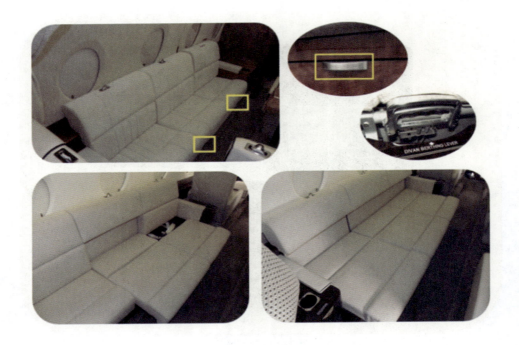

图 3-15 客舱三人沙发

图 3-16 折叠桌板

图 3-17　四人会议桌

四、卫生间设备

公务机的卫生间设备通常由洗手池、化妆镜、水系统、马桶和储物柜等组成，如图 3-18～图 3-20 所示。

图 3-18　卫生间马桶

图 3-19　卫生间储物柜

图 3-20　卫生间洗手池与化妆镜

五、客舱通信与娱乐系统

（一）通信系统

公务机的通信系统包括卫星电话（如铱星电话）、传真机和局域网接口等，如图 3-21 所示。机型不同，设备的具体位置也有所不同。比如某 Falcon 7X 的卫星电话设备位置如图3-22所示。传真机不但可以收发传真，还可以复印、扫描和连接电脑打印文件。局域网接口通常处于客舱侧壁板下部，为笔记本电脑使用者提供接入网络的接口。

图3-21 公务机客舱内的卫星电话与传真机

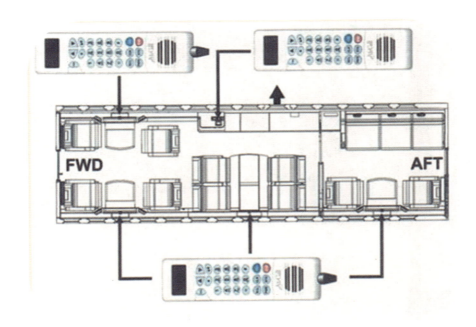

图3-22 某Falcon7X飞机客舱内卫星电话设备位置

（二）娱乐系统

公务机的娱乐系统包括CD/DVD播放器、客舱彩色显示器、个人娱乐显示器、音频/视频辅助面板和客舱控制系统触摸屏等，如图3-23和图3-24所示。

除了上述客舱设备以外，公务机客舱内还会根据客户需要安装其他设备，比如保险箱等。

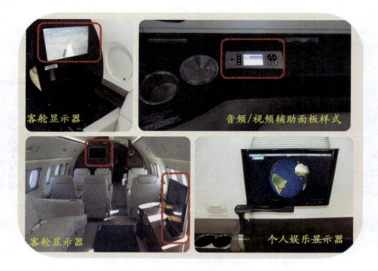

图 3-23　客舱内显示器

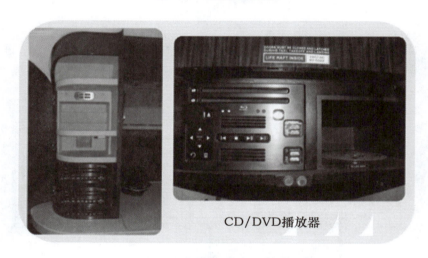

图 3-24　客舱内 CD/DVD 播放器

思考题

1. 什么是菜单式客舱装饰？
2. 什么是定制式客舱装饰？
3. 简述客舱装饰原则。
4. 公务机客舱都有哪些设备？
5. 公务机厨房都有哪些设备？
6. 公务机应急设备包括哪些？

第四章
公务机旅行管家

一位在公务机行业工作五年的业内人士说：要想当好一名公务机旅行管家实属不易，要在客户开口前准备好其所需物品，与经常服务的客户形成默契，才能让客户保持黏度。这些都是为了留住客户，不仅是为了公司，也是为了自己。

第一节 公务机旅行管家概述

一、公务机旅行管家的概念

公务机旅行管家，也被称为公务机飞行管家或者公务机空中管家，可以看作对公务机乘务员的一种称呼。

所谓管家，就是管理家庭一切事物，无论大事小事、烦事杂事，均要安排妥当。旅行管家就是管理客户在旅程中的各项事宜，包括且不限于饮食、娱乐、休息、手续办理、行程安排等内容。公务机旅行管家就是负责客户从飞行计划开始到飞行航程结束这段时间内，制定客户机上饮食、休闲娱乐节目、手续办理以及准备目的地相关信息和完成客户提出的需求等。

二、公务机旅行管家的岗位职责

（1）执行航班任务时隶属机长领导，协助机长保障飞行安全。
（2）负责客舱安全工作的实施和管理。
（3）根据客户要求制订个性化客舱服务计划。
（4）负责飞行期间机上餐饮服务和客舱服务，确保服务质量。
（5）负责客舱环境布置工作。
（6）负责飞机起飞前和落地后的客舱清洁及维护工作。
（7）负责机供品的采购与管理。
（8）负责与相关部门和单位的沟通协调工作。
（9）负责收集当班信息，反馈客户意见及飞行保障信息。
（10）负责协助进行市场推广及维护客户关系。

三、公务机旅行管家与航空公司乘务员的差异分析

（一）个人工作与团队协作

由于公务机与商业航空客机的机型差异较大，客舱内部空间远小于商业航空客机，能够搭载的乘客人数也远少于商业航空客机，除了像ACJ、BBJ和Lineage1000等大型公务机会增配1~2名旅行管家外，通常公务机旅行管家只配备1人。而商业航空客机的乘务员配备人数根据机型差异从5人至13人不等。通俗地讲，公务机旅行管家是"单打独

斗"，航空公司乘务员是"团体作战"。

团队协作主要依靠团结的力量，组员之间相互配合、互补有无、群策群力、发挥集体作用，在乘务长的领导下完成客舱各项工作。而个人工作需要凸显个人能力，如何高效高质量地完成客舱工作均由个人规划，没有其他人可以搭把手。

（二）私人定制服务与制式服务

航空公司乘务员客舱服务内容是按照公司规定的流程进行的，每个步骤都有操作规范，乘务员不得随意更改服务内容。而公务机旅行管家要按照客户的需求提供高品质服务，在基本操作规范之上要灵活运用。

比如飞机起飞后，航空公司乘务员会为旅客提供餐食，通常会先发饮品，然后发餐食，接下来会为旅客添加饮品，最后把旅客用过食盒和杯子收走。这是航空公司的固定餐饮流程，乘务员也会遵照执行。公务机旅行管家则会在客户登机后，与客户进行充分沟通，确认客户在飞行中的作息安排，在客户需要用餐的时间，按照客户用餐喜好提供餐饮服务，并不会拘泥于常规用餐顺序。

此外，如果客户需要的餐食不在航空食品公司提供的备选项目之列，需要旅行管家提前去餐厅采购；如果客户点的酒公司没有备货，也需要提前按照客户提供的品牌和品种进行购买，包括客户对酒具的具体要求；客户如果想在飞行中观看哪部电影或者听哪首歌曲，也需要旅行管家提前下载或者购买碟片；如果有小朋友乘机，还需要提前准备动画片或者小玩具；遇上节日或者特殊纪念日飞行，旅行管家要根据实际情况进行客舱布置等。

（三）客舱环境维护

航空公司乘务员对于客舱环境的维护是在飞行期间。乘务员登机后，首先会检查客舱卫生，与清洁工作人员进行交接。在飞行过程中，由乘务员负责客舱、卫生间和厨房的环境维护工作。飞机落地后，乘务员做好清舱工作即可。航后的客舱清洁工作由清洁队负责。

公务机则不同，公务机的客舱环境维护由旅行管家负责。飞机上一般配有吸尘器，在航前航后，旅行管家会用吸尘器清洁客舱地毯；客舱皮质座椅会用专用清洁剂擦拭；需要更换的被套枕套等用品会由旅行管家换下；卫生间与厨房的清洁工作也由旅行管家在航前和航后完成；机上垃圾在每一航段结束后由旅行管家拿至机下；需要清洗的餐具也会根据实际情况由旅行管家在机上完成清洗或者联系当地航空食品公司清洗等。公务机的深度清洁则由公务机运营商的维修工程部负责。

（四）客户关系维护

航空公司乘务员在飞行期间按照公司要求完成客舱服务内容，保持良好的职业操守，没有收到旅客的投诉，航后与旅客之间不存在关系维护。而公务机旅行管家，往往需要配合公司市场部维系与客户之间的良好关系。因为旅行管家既直接面对客户，又与客户相处的时间比较长，很多时候客户的需求会直接向旅行管家提出，由旅行管家反馈给公司市场部，所以客户关系维护是旅行管家的一项必要的工作内容。

第二节　公务机旅行管家职业要求

一、公务机旅行管家的任职要求

（1）学历要求大专及以上学历。
（2）英语能力要求大学英语四级以上，口语流利。
（3）普通话能力要求二级甲等及以上水平。
（4）形象好、气质佳。
（5）身高163～172cm，身体素质良好，符合空勤人员体检及政审要求。
（6）有公务机工作经历者优先。

二、公务机旅行管家的形象要求

靓丽的妆容、得体的服饰、优雅的举止、亲切的笑容和真挚的眼神，这就是公务机旅行管家的职业形象。一名称职的旅行管家除了能将本职工作做到尽善尽美外，完美的职业形象也是不可或缺的重要环节。松下幸之助曾提出："在商品日趋丰富的社会中，选择哪个公司的产品在很大程度上取决于企业形象。"旅行管家的职业形象代表着企业的形象，若能给客户留下良好的印象，有助于企业在品牌竞争中脱颖而出。

旅行管家的职业形象包括仪容、仪表、仪态和精神面貌。

（一）仪容

旅行管家的妆容要求干净整洁、自然大方，忌讳过浓过艳或者过冷过淡。在色彩选择上，眉部用色与发色一致、眼部用色与晕染色系一致、唇部用色与眼部色系一致。在工作中，长发需要盘起，用发胶固定碎发；短发也需用发胶固定发型。

（二）仪表

在执行航班任务时，旅行管家应穿着公司配发的制服；在其他场合，旅行管家应穿着符合职场仪表规范的服装。比如，在办公室上班时，套装和连衣裙是比较好的选择，不要穿牛仔裤和运动服，衣服要有领有袖，裙子不能太短，领口不能过低；衣服颜色搭配不要超过三个颜色；不要把制服和个人服装混穿；服装要干净无褶皱；不能穿人字拖或者拖鞋式凉鞋进入办公楼等。另外，在职场中不能佩戴夸张的配饰，配饰的质地要与服装相呼应。

（三）仪态

仪态举止是一种无声的语言，是通过肢体传递信息、表达思想感情的一种行为。站、坐、行、蹲、微笑、握手、鞠躬、手势等，简单的动作却能于举手投足之中体现公务机旅行管家良好的职业素养和风度。旅行管家的仪态既要符合民航乘务员的仪态要求，还要符合职场要求。比如行姿，要做到头正、颈直、目平、下颚微收、表情自然；挺胸收腹、双臂自然摆动；起步时，身体略微前倾。

（四）精神面貌

良好的精神面貌不仅能表现出旅行管家的能力和信心，而且饱满的热情还会感染身边的每一个人，产生一种人格魅力。温和从容的眼神与气定神闲的状态都是旅行管家良好精神面貌的展现。

三、公务机旅行管家的礼仪要求

（一）职场礼仪

与航空公司乘务员没有航班任务时在家休息不同，公务机旅行管家在没有飞行任务时也要按照本公司规定到岗上班，在办公室对上司和同事们需要讲礼貌、守规矩，不能因为彼此熟悉而忽略了职场礼仪。旅行管家要时刻保持谦恭礼让、温和亲善的职场状态。

比如，"早上好""谢谢""再见"之类的问候语要经常使用；同事之间不要乱叫外号；需要补妆时去卫生间；办公时间不要没完没了地接打私人电话；不要人云亦云地议论同事的隐私；不随便挪用他人的东西；使用公共设施要有公共观念等。

公务机旅行管家需要掌握的职场礼仪包括但不限于电话礼仪、握手礼仪、名片礼仪、迎送礼仪、交谈礼仪、称呼礼仪、介绍礼仪等。

以电话礼仪为例，旅行管家在与客户秘书沟通时、与外站代理沟通时、与餐食供应商沟通时以及与公司其他部门同事沟通时，经常首选电话沟通。如何拨打和接听电话呢？运

用得体能够事半功倍，运用不当则会事倍功半，成为职场交往中的绊脚石。

首先，打电话。第一，时间的选择。要想确保打电话的质量，就要选择合适的时间。休息时间不要打电话，晚上10点以后、早上7点以前，没有紧急情况不要打电话，否则会引起他人反感；此外，用餐时间别打电话。通常公司午休就一个小时，不要影响他人食欲。如果因为临时增加或者取消航班任务，导致需要给相关的人员打电话，第一句要说的话是："抱歉，航班临时有变化，打扰你了。"第二，空间的选择。一般来说，私人电话在私下打，办公电话在办公室里打。第三，通话的长度。在工作中，有多少事，说多长时间，把话说清楚，把事情搞定。但从相互尊重的角度来讲，通话时间不宜过长，有个法则叫三分钟法则，即把每次的通话时间控制在三分钟之内。但这不是要求我们掐表计算，而是要我们在打电话时长话短说，废话不说，没话不说。第四，谁先挂电话。交际礼仪的标准做法是：地位高者先挂，若是同级，一般是求人的人要等被求的人先挂。

其次，接电话。第一，铃响不过三声。如果是和餐食供应商或者客户秘书、外站代理等约好确认信息后及时回复，那么别人打来的电话不接就是严重的失礼。但过犹不及，也不能铃声一响，马上就接听，以免吓对方一跳。第二，不要随便叫人代接电话。第三，认真地进行自我介绍。旅行管家在办公室工作时，电话响起，三声内接起："您好，客舱部（飞行部／市场部）×××。"第四，拨错的电话的处理。对方打电话拨错了，第一句话要说明："先生／女士您好，您拨错电话了。"不要口无遮拦地说："错了，看清楚再拨。"

（二）客舱礼仪

客舱礼仪是旅行管家在客舱服务过程中与客户交往时体现的精神风貌和礼貌行为。优秀的客舱礼仪不仅能带给客户舒适的享受，还能反映客舱工作的职业标准，增强企业竞争力。公务机旅行管家需要掌握的公共礼仪包括但不限于客舱迎送客礼仪、餐饮服务礼仪、细微服务礼仪、言语礼仪以及其他操作规范要求等。

（三）公共礼仪

公共礼仪指的是人们置身于公共场所时应遵守的行为规范。旅行管家由于工作原因，要经常出入宾馆、写字楼、餐厅等公共场所，展现良好的公共礼仪既是自身素养的体现，又能代表公司的正面形象。公务机旅行管家需要掌握的公共礼仪包括但不限于乘车礼仪、电梯礼仪、用餐礼仪、座次礼仪、宾馆礼仪等。

以宾馆礼仪为例，执行航班任务驻外时，通常情况是公司提前把住宿订好，机组到达后直接办理入住。有时候由于航班临时变化，也会由机组人员在外站自行预订住宿办理入住或者入住客户安排的宾馆。无论哪种形式，作为旅行管家都要了解相关的礼仪知识。

进入宾馆大堂后，首先应到前台出示有效身份证件办理入住登记。如果随身携带大件行李，门童会帮助搬运行李，此时可以礼貌地谢过之后去登记入住。有些地方或者国家，门童帮助搬运行李需要给小费，通常一件行李1美元，视情况而定。

宾馆大厅和走廊是主要的公共场合，不要表现得像在自己家中一样，穿着睡衣或浴袍转来转去，同时还应该注意不要大声说话和吵闹，也不要乱跑乱跳。

打扫客房是服务员的工作，但不能因为有人代劳就不注重保持清洁卫生。请尽量不要在房间里乱扔衣物，可以将衣物挂起来或者收在箱子里。贵重的东西可以放在保险箱里或随身携带，废弃物要扔到垃圾筐里。如果确认要连续住上几天，可以留一张纸条给客房服务员，告诉他们床单和牙刷不必每天都换，这样的客人一定会受到宾馆的尊重和欢迎。

如果想在房间用餐，用餐完毕后将碗碟摆放整齐，打电话给客房服务员，请他们来房间里收走杯碟。有人觉得可以把用过的杯碟放在房间门口地面上，建议不要这么做。如果是在自助餐厅用餐，切记不要浪费，不能打包。需要排队等候时，让服务员为我们安排座位，不要随意走进去或者插队。如果不小心弄坏了酒店的物品，不要隐瞒抵赖，要勇于承担责任并赔偿。

（四）涉外礼仪

因为工作需要，旅行管家会有执行国际航班任务的情况。身处异国他乡时，在与他人交往时，如何维护自身形象、表示尊敬与友好、展现不卑不亢却温和谦逊的态度，需要旅行管家掌握相关涉外礼仪的知识。比如各个国家的风俗习惯、国外特殊禁忌、国际通用礼节等。

涉外礼仪基本原则包括女士优先、守时守信、入乡随俗、尊重隐私、爱护环境、求同存异、热情有度、以右为尊。

四、公务机旅行管家的素养要求

职业素养是在职业过程中表现出来的综合品质，它决定了一个人的人生高度。职业素养主要是由后天学习和社会影响并通过自我锻炼的方式，由知识内化而逐步积累、形成的。只有具备了真正的职业素养，才能在职场上熠熠生辉，成为一名优秀的公务机旅行管家。

（一）自我管理

首先，要具备良好的职业心态，胜不骄，败不馁。做到"行到水穷处，坐看云起时"

也是一种境界。其次，学会管理自己的情绪。工作中难免会有不如意之事，有时候是琐事缠身、有时候是他人的误解，也有时候可能是一些不合理的举动令我们震怒等，产生负面情绪可以理解，但陷入其中而误了本职工作就得不偿失了。最后，学会时间管理。合理安排时间是我们顺利开展工作的一项重要前提，否则既会降低工作效率和质量，又会浪费资源。

（二）自我提升

首先，知识提升。知识是通往成功的桥梁，如果不能持续地提升知识储备，则难以解决工作中层出不穷的新问题。坚持自我学习是提升自己内在修养和外在表现的根本方法。其次，技能提升。工欲善其事，必先利其器。这里的"器"就是指与我们工作息息相关的技能。作为一名民航乘务员，需要进行定期在岗培训和等级考核，而作为一名公务机旅行管家，面对高端客户更需要不断地精进自身的业务技能，以应对客户的不同需求。最后，效率提升。公务机旅行管家是一个人在飞机客舱内工作，如果工作无序且杂乱无章，那么必然工作效率低下，工作质量差强人意，难以顺利地完成飞行任务。知识与技能的提升会带动工作效率的提升，工作效率的提升也会巩固知识和技能的提升，三者相辅相成。

五、公务机旅行管家的技能要求

公务机旅行管家的技能既包含民航乘务员职业技能，又需要拓展更多业务技能。

（一）基本业务技能

公务机旅行管家的基本业务技能包括客舱服务技能、餐饮服务技能、沟通协调技能、危险品处置技能、机上急救技能等。旅行管家也属于民航乘务员，所以民航乘务员必备的业务能力旅行管家必须掌握。

（二）拓展业务技能

公务机旅行管家的拓展业务技能包括但不限于英语口语能力、计算机操作能力、人际交往能力、抗压能力等，除此之外，还要掌握插花技艺、咖啡与茶艺操作、红酒知识、鸡尾酒操作等管家服务能力。

思考题

1. 如何理解公务机旅行管家概念？
2. 简述公务机旅行管家的岗位职责。

3. 公务机旅行管家与航空公司乘务员有哪些不同？
4. 公务机旅行管家的形象要求是什么？
5. 公务机旅行管家的素养要求是什么？
6. 公务机旅行管家的礼仪要求是什么？
7. 公务机旅行管家的技能要求是什么？

第五章
公务机客舱服务

为了满足高端人士的旅行需求，公务机客舱服务并非传统意义上乘务员的工作范畴，更像是经过专业训练，掌握各方面技能的全能管家。其提供的服务不仅必须满足客户对于飞行旅途中的更高需求，还要运用智慧让客户从心底认可和感到真正的享受。

第一节　公务机客舱服务流程

此服务流程是旅行管家执行航班任务时的通用流程，不同的公司会有具体的服务要求，有可能与此服务流程略有差异，特此说明。

一、预先准备阶段

（一）信息收集

（1）与客户专员或相关同事沟通，确定客户人数、性别、身份、饮食及生活习惯等。

（2）确认机长、副驾驶以及跟机机务（若安排）人员名单和相关信息。

（3）确认执行任务时间，包括出差天数、起降时间等。

（4）查询目的地天气、时差、城市概况，了解当地的安全局势、风土人情、海关检疫要求等信息，完成报关单据及药品准备等。

（5）确认执飞机型状况，掌握飞机客舱布局、设备位置、故障信息等内容。

（6）了解起降机场的保障能力，如航食配餐能力、周边购餐条件等。

（7）获取外站代理联系方式。

（二）方案制定

（1）根据客户需求，完成航班餐食定制计划并与客户确认。

（2）制订飞行服务计划。

（三）航前准备

（1）机组沟通会。会议内容包括了解航路信息、飞行时间、机组配餐情况、客户对机组的要求、飞机状况、外站代理情况等。

（2）完成外购物品采买或预订工作。

（3）与航食公司沟通订购清单并确认装机时间。

（4）准备好需要从公司带上飞机的机供品。

（5）准备好需要携带的相关单据和备用金。

（6）确认个人证件齐全并且均在有效期内。

二、航班实施阶段

（一）登机前

(1) 仪表仪容需符合规定。
(2) 按照规定时间到达公司乘车地点。
(3) 与机组人员一起乘坐公司车辆抵达公务机楼。
(4) 完成安检及通关手续的办理。
(5) 乘坐场内摆渡车抵达飞机停机位。

（二）登机后

(1) 客舱应急设备检查。应急设备在固定位置、数量齐全、在有效期内、铅封完好等。
(2) 确认客舱单人座椅、三人沙发、会议桌、折叠桌板等各项设备处于良好使用状态。
(3) 确认厨房各项设备处于良好使用状态。
(4) 确认卫生间水系统与马桶均能正常使用。
(5) 卫生间卫生整理与确认。清洁用品齐全；台面及洗手池内无积水、无水渍，水龙头清洁光亮；镜面无手印、无水印，马桶内壁清洁、垫圈上下无污迹、盖板内外清洁；垃圾箱内壁清洁，且更换好垃圾袋；储物柜面板干净无污迹；地毯干净平整无尘；化妆篮内物品摆放整齐美观；卫生间无异味等。
(6) 客舱卫生整理与确认。地毯干净平整无尘、桌板干净无污渍、座椅靠垫整齐洁净、发现蚊蝇应及时消灭、确保客舱空气清新等。
(7) 与航食公司送餐员确认配送机供品情况。
(8) 零食篮、水果篮、装饰花篮整齐美观地摆放在客舱吧台或桌板处。
(9) 书报杂志分类摆放于吧台或桌板之处，如图5-1所示。

图 5-1　花篮、水果篮、零食与书报杂志的摆放

(10) 准备迎宾毛巾与迎宾酒饮。

(11) 播放登机音乐。

(12) 调节客舱温度。

(13) 对客舱状况做最后确认。

(三) 起飞前

(1) 跟随机长到指定位置迎接客户，通常应站在飞机舷梯下方，面向 VIP 摆渡车驶来的方向，如图 5-2 所示。

图 5-2　机组迎接客户站位

(2) 客户登机后，引导入座、协助安放随身行李物品，根据客户需求收挂衣物等。

(3) 提供迎宾毛巾、酒饮和拖鞋等。

(4) 与客户做简单沟通，包括自我介绍、飞行情况介绍、客舱设备介绍等。

(5) 与机长确认飞机滑行时间，以便完成客舱服务。

(6) 回收毛巾、杯子、零食篮、书报杂志等零散物品。

(7) 完成客舱安全检查工作。

(8) 完成卫生间与厨房安全检查工作。

(9) 与机长沟通，客舱准备完毕。

(10) 回到执勤座位系好安全带，等待起飞。

(四) 飞行中

(1) 在吧台处摆放零食篮、水果盘、书报杂志、扑克牌等物品，如图 5-3 所示。

图 5-3 吧台处摆放样式

（2）协助客户使用客舱设备、调节客舱环境，如有需要可提供铺床服务。

（3）若飞行时间较长，应主动询问客户是否需要铺床休息，并提供眼罩、耳塞、休闲服和被子等物品。

（4）根据客户需求播放音频或者视频，提供降噪耳机。

（5）向客户介绍配餐内容，了解每位客户的用餐习惯，询问客户用餐时间并根据飞行时间提出合理化建议。

（6）做好餐饮准备工作。

（7）随时监控客舱情况，根据客户活动情况调节客舱灯光和温度。

（8）提供饮品与点心服务，如图 5-4 所示。

（9）按需提供餐食服务，如图 5-5 所示。

（10）随时清理客舱及卫生间的卫生。

（11）随时与驾驶舱保持沟通，为机组提供餐饮服务。

（12）国际航段帮助客户填写入境单据。

（13）记录客户喜好，征求客户对整体服务的意见和建议。

图 5-4 饮品与点心的摆放

图 5-5 供餐服务

（五）落地前

(1) 提醒客户飞机落地时间。

(2) 提供落地前热毛巾服务。

(3) 告知客户目的地温度，温差较大时应提示客户增减衣物。

(4) 整理客舱物品。

(5) 复位客舱座椅及沙发。

(6) 确认厨房和卫生间物品归位，做好检查确认工作。

(7) 完成客舱安全检查工作。

(8) 与机长沟通，客舱准备完毕。

(9) 回到执勤座位系好安全带，等待降落。

（六）落地后

(1) 归还收挂的客户衣物。

(2) 若有后续航段，与客户确认带下飞机的行李和留在飞机上的行李。

(3) 飞机停稳后，打开舱门，确认自备梯已展开固定，确认地面车辆到达后，引领客户下机乘车。

(4) 与机长站在舷梯下向客户挥手告别。

(5) 检查客舱内有无客户遗留物品，如发现有遗留物品及时联系地服人员归还给客户。

(6) 协助机长或机务落实货舱行李件数。

(7) 清理厨房剩余食物，包括烤箱、微波炉、冷藏柜和储物柜中的物品。

(8) 根据实际情况自行清洗餐具或送洗餐具，并做好记录。

(9) 打扫客舱卫生。

(10) 打扫卫生间卫生。

(11) 更换垃圾袋，并将垃圾拿下飞机。

(12) 冬季寒冷航站，提醒机务放尽污水和饮用水。

(13) 与外站代理确认后续事宜。

(14) 检查客舱整理情况，并拉下遮光板。

(15) 与机长沟通，一同下机乘坐摆渡车离开机场。

三、后续工作阶段

(1) 按照公司要求填写相关单据，包括日志、机供品配发回收单、交接单据等。

(2) 如航班中有特殊情况，应及时上报至公司。

(3) 整理客户反馈信息，填写客户信息档案，并反馈给相关部门和人员。

(4) 参与客户回访工作，与客户保持良好稳定的关系。

(5) 在公司规定的时间内将航班账目结清，做好个人报销记录。

(6) 若其他旅行管家后续使用此飞机执行航班任务，与同事做好相关交接工作。

第二节 公务机客舱服务技能

公务机客舱服务技能可以分为基本业务技能、拓展业务技能和管家服务技能。

一、基本业务技能

基本业务技能是指旅行管家作为一名民航乘务员需要掌握的基本业务能力，也是中国民航局要求完成的既定工作。

（一）客舱服务技能

客舱服务技能包括端拿倒送操作、书报杂志提供操作以及客舱环境服务规范等，具体内容如下所述。

（1）端托盘时，手放在托盘的后 1/3 处，即靠近身体这一侧。

（2）大拇指扶住托盘的边沿，其余四指撑在托盘底部。

（3）端托盘的高度位于腰际，不可高于座位上客人肩膀的高度。

（4）拿玻璃杯时，手拿杯子下 1/3 处。

（5）倒水或者倒果汁时，应倒至杯子七成处。

（6）倒带气的酒水时，要沿着杯子边缘倾斜倒入杯中，防止气泡或者泡沫溢出。

（7）摆放餐食时，要轻、稳、准。

（8）书报杂志拿法：左手四指并拢，掌心朝上托住书报杂志底部；左手拇指在内侧。右手四指并拢掌心朝上托住书报杂志侧边；右手拇指扶在书报杂志右上角。

（9）提供书报杂志时，正面朝向客人，双手递送。

（10）客舱温度通常应控制在 20～24℃，并根据客舱人数及飞行时间段进行适当的调节。

（11）客舱灯光亮度要结合客人休息状态进行调节。

（12）客舱音乐播放要以客人喜好为主。

（二）餐饮服务技能

1. 供餐程序

（1）铺桌布或者防滑垫。

（2）提供餐前热毛巾。

（3）按照客户喜好提供餐前酒饮。

（4）提供开胃小吃及纸巾。

（5）结合开餐人数和食物类型，选择不同类型和尺寸的餐具有序摆放，如图5-6所示。

图 5-6　餐具摆放

（6）提供餐品，注意区分中西餐的供餐顺序差异。

（7）添加餐中酒饮。

（8）随时收取空盘及杂物。

（9）提供餐后水果及甜品。

（10）提供餐后热饮。

（11）提供餐后热毛巾。

（12）清理桌面，收回桌布或者防滑垫。

2. 提供规范与标准

（1）保证保温壶内始终有热水备用。

（2）啤酒、白葡萄酒、香槟、鲜榨果汁等需要冰镇的酒饮要放入冷藏柜内。

（3）零食篮与水果篮内食物要摆放美观、小食品包装袋正面朝外。

（4）按照要求冲泡茶饮与咖啡。

（5）提供饮品时，如果没有铺桌布或者防滑垫，需要使用杯垫。

（6）使用微波炉加热食物时，不可放入有金属装饰边的盘子、不可使用锡纸盒、不可加热带壳的鸡蛋或有牛皮纸包装袋的面包。

（7）使用烤箱加热食物时，必须区分盖盖烘烤、半盖盖烘烤、开盖烘烤的食物类型。带有汤汁的食物，烘烤后仍需保证食物柔软性和水分的要盖盖烘烤；既需要保证食物原有色泽和质地，又不被焖出太多汤汁或菜品变干的要半盖盖烘烤；需要高温加热，保证口感酥脆的油炸类食品要开盖烘烤。

（三）沟通协调技能

旅行管家的沟通协调能力不仅是与客户之间的沟通协调，还包括与同事、外站代理、餐食供应商，甚至是帮助客户与他人之间的沟通协调。

1. 善于倾听

被誉为当今世界最伟大的推销员乔吉拉德曾说过："世界上有两种力量非常伟大，其一是倾听，其二是微笑。"善于倾听是对言者的一种尊重。真正的倾听是通过"听"了解对方的想法和感受，而不是听而不闻、敷衍了事。倾听是一种主动的行为，在倾听过程中，头脑迅速地做着应对，从话语中提炼有效信息，准确地概括话语内涵，并在适当的时机发表看法和反馈，使沟通能够步步深入。

2. 有效表达

第一，最重要的是把话说清楚，这是根本要求。不要口齿不清、表意不明，确保自己表述的信息清楚无异。第二，表达要言之有物。不能说了半天一点儿也没说到点子上，否则不如少说。第三，厘清思路。针对自己表达的内容总结要点和顺序，构建清晰的逻辑架构，沟通的效果都不会太差。第四，语言简单平实。尽量少使用艰涩难懂的俗语或行业术语，成语和名言也不是必需的，一来，不一定使用准确；二来，对方有可能听不懂。

3. 规范用语

您好、请、谢谢、对不起、再见、祝您旅途愉快、打扰了、请多包涵、劳驾……这些规范用语，构建了日常工作与生活中礼貌表达的基础，这既是客套也是中国文化。在当代生活中，人与人之间的交流依然秉承着守礼谦逊、尊重为上的思想。

同时，我们在沟通时会或多或少有一些口头语，口头语不是都不好，但是一些不太好的口头语最好改掉。比如，"你明白了吗？""我告诉你吧！"这些都是不好的表达方式，会给人一种居高临下的感觉。再如，餐桌上有人会说"你要饭吗？""你完了吗？"等，都是非常不得体的。

4. 合理建议

提建议应坚持实事求是、客观公正的原则，不能抱着争输赢、分对错的心态提出建议。提建议要基于当前沟通协调的事情，建议可大可小，但要有效，切记无方案不建议。同时，要说清楚建议的前提和风险点。任何方案的执行都存在一定的局限性，在提出合理化建议的同时也要把前提和风险点一并讲明。

（四）危险物品处置技能

危险物品是在航空运输中，对健康、安全、财产或环境构成危险，并在国际航空运输协会《危险物品规则》的危险物品表中列明和根据此规则进行分类的物品或物质。危险物品包括爆炸品、易燃液体、放射性物质、毒性物质等 9 类共 3000 多种。

人们经常使用的充电宝、笔记本电脑、摄像机或照相机等看似寻常之物，有可能在某一瞬间冒烟爆炸。近年来，在飞机客舱内发生的锂电池失火事件也常见于新闻之中。

若在客舱内发现锂电池着火，应立即使用灭火器灭火；若锂电池冒烟，应将其完全浸泡在水中或者碳酸饮料、茶水、咖啡、果汁等不可燃液体中，降低电池芯温度；不要企图移动燃烧或冒烟的电子设备，以防造成人身伤害。

（五）机上急救技能

在执行航班任务时，遇有客户突发疾病或者遭遇意外损伤情况，旅行管家应立即加以处理并告知机长。

1. 生命体征判断

（1）意识。给刺激时，患者完全没有反应，应该认为患者已经昏迷。

（2）呼吸。正常的呼吸频率成人为 15～20 次 / 分钟，儿童稍快一些。

（3）脉搏。检查患者腕部或者其他部位的动脉而数得的每分钟跳动次数。正常脉搏为 60～100 次 / 分钟。

（4）体温。正常的人体温度在 37℃左右。

2. 急救的原则

（1）保持冷静，在采取措施之前需要询问患者情况，进行分析判断，观察患者损伤情况。

（2）只限于采取必要的措施，尽量少搬动患者及损伤部位。

（3）采取措施时，要先处理最紧急的情况。以下措施是救命要点：确保呼吸和呼吸道畅通；检查并立即止住出血；预防休克和暴露伤处；确保正确处置昏迷者并保证有人照看。

3. 心肺复苏

对于在短时间内出现呼吸和心跳停止的病人，如果立即进行心肺复苏，会为进一步救治争取宝贵的时间，有时甚至可以直接救活病人。心肺复苏分为人工操作和使用 AED（自动体外除颤器）两种方式。

4. 外伤急救

（1）若是轻微出血，可用消毒无菌敷料敷于伤处并用绑带包扎；若出血严重，可采取压迫止血或者止血带止血。

（2）颈背部损伤时，不要随意搬动患者，不要让患者抬头或者扭转头部，注意保暖并密切观察，需要搬运时，需绑在硬板担架上并固定头部。

（3）挫伤或擦伤时，伤处会肿胀，皮肤及皮下颜色会改变，需用冰袋冷敷。

（4）关节扭伤时，尽量减少受伤关节的活动，抬高受伤关节并做冷敷，用棉纱裹上以后用弹性绷带包牢固，固定受伤关节。

（5）烧烫伤。轻度烧烫伤时，伤处皮肤发红、水肿或起水泡，可用凉水冲或者冰敷伤处，不要弄破水泡或强行去除伤处的各种物质，拭干伤处后敷上烧伤药膏包扎。重度烧烫伤时，皮肤深部损伤，有组织暴露，皮色苍白呈蜡样改变，此时不可用水冲或冰敷，用干的消毒敷布敷在伤处并包扎。

5. 常见病症

（1）晕机。晕机表现为疲乏头晕、面色苍白、出冷汗、恶心等。可以准备一个干净的塑料袋备用，帮助患者将座椅调整到躺卧位，打开座椅上方通风口，让其闭眼休息，同时深呼吸。

（2）压耳。压耳表现为耳痛、耳鸣、听力下降，有时会出现眩晕等。可以让患者做吞咽动作，或者捏住鼻子闭上嘴鼓气。

（3）心脏病。心脏病表现为心前区疼痛，可放射到左肩左臂，伴有出汗、心慌、气短、面色苍白。应立即让患者安静地卧位休息，松开其紧身衣物，帮助服用自备药物，硝酸甘油要舌下含服，并尽快吸氧，若出现心跳呼吸停止，应立即进行心肺复苏。

（4）腹痛。腹痛可轻可重，有的无任何并发症，有的有明确压痛点。若是胃肠胀气引起的腹痛，可让患者站起来走动走动，鼓励其尽量把气体排出；若持续腹痛严重，伴有固定压痛且腹肌紧张，需要及时与机长沟通，有时可能需要尽快降落。

（5）昏迷。发现昏迷者要立即开通气道，让昏迷者卧于安静处。单纯晕厥可以吸入氨，未能很快清醒者又无禁忌时，使昏迷者半侧俯卧，松开紧身衣物，右腿伸直，左腿弯曲，右臂上举，左臂内收，头部低于身体偏向左侧并尽量仰伸，以保持呼吸道通畅，防止呕吐物进入呼吸道内，如图5-7所示。

（6）感冒。感冒时需要多喝水，鼻塞时可用点鼻黏膜收缩剂以保持鼻道和耳咽管通畅，防止飞机起飞下降时出现压耳。

（7）气道异物阻塞。如果患者在进食时或者刚进食后出现清醒状态下的呼吸困难、不能呼吸、说不出话、抓自己喉部等，要考虑是气道异物阻塞。可用力用手掌叩拍患者背部双肩胛之间或者采取海姆立克法救治。

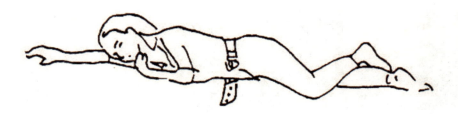

图 5-7 昏迷者卧姿

（8）哮喘。患者呼吸困难，尤其呼出气费劲。可以安慰患者使其保持冷静，给患者吸氧，或者帮助患者服用自带药物。

二、拓展业务技能

旅行管家除了要具备基本业务技能外，因其工作性质与航空公司乘务员存在差异，还应掌握更多拓展业务技能。

（一）客舱布置

1. 布置要领

公务机客舱布置要以美观、舒适、实用、灵活为基本原则。不同区域的环境布置要与该区域的功能性融为一体。以巴航工业世袭1000飞机为例，客舱由登机门区域、厨房区域、卫生间区域、客舱区域以及货舱几个部分组成，如图5-8和图5-9所示。

客舱区1通常为随员就座区域，以办公、交谈为主；客舱区2通常为主宾就座区域，需要保持安静；客舱区3和客舱区4通常为休闲娱乐区域，氛围比较活跃；客舱区5为休息区，需要不受干扰且遮光。

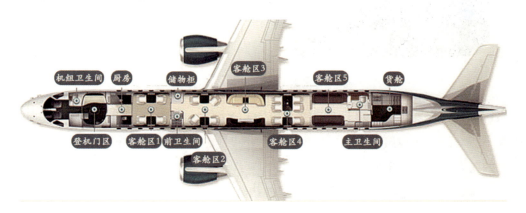

图 5-8 世袭1000飞机客舱布局

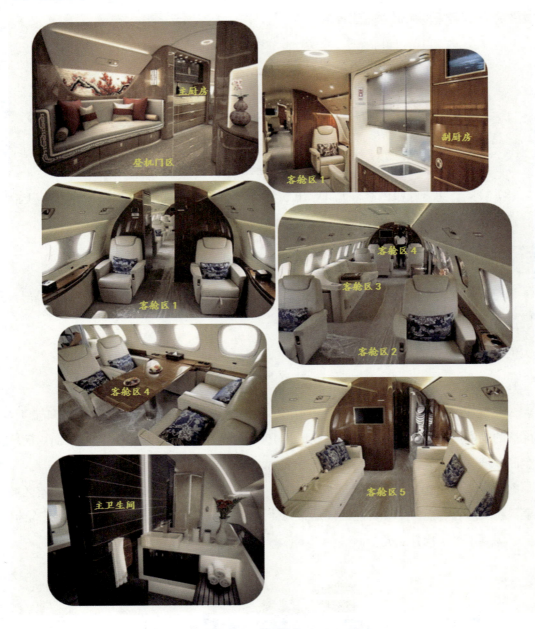

图 5-9　世袭 1000 飞机客舱分区图

旅行管家在布置客舱时，只有充分考虑各方面因素，才能既让自己的工作得心应手，又让客户感受到舒适与温馨。比如，可以将书报杂志、扑克牌、影碟、Pad 以及小吃篮等物品收纳在客舱区 3 的显示器下面储物柜中，这样拿取时就不会打扰其他区域的乘客；可以在客舱区 1 后面的储物柜中准备纸笔等办公用品供客舱区 1 的人员使用；可将薰衣草香薰放置在客舱区 5，以便于客户在旅途中安睡等。

2. 色彩的运用

客舱内饰布置还要注意色彩的运用。比如靠垫颜色与座椅颜色的搭配、地毯颜色与壁板颜色的搭配、座椅颜色与餐桌和储物柜颜色的搭配、餐具颜色与桌布颜色的搭配等。和谐的色彩搭配可以展现出公务机客舱或华丽，或简约，或风雅，或复古的风格，令人赏心悦目，如图 5-10 所示。

图 5-10　公务机客舱内饰风格

除此之外，每逢在重大节日或者纪念日执行航班任务时，比如国庆节、圣诞节、春节、客户生日或结婚纪念日等，旅行管家还需在客舱内进行相应的节日装饰，营造节日氛围。火红的中国结、油绿的圣诞树、五颜六色的点心等，如何精美地呈现在客舱中，需要旅行管家具备一定的色彩知识。

1）色彩分类

色彩分为无彩色和有彩色，如图 5-11 所示。无彩色是指黑色、白色以及各种明度的灰色等只具备明度，不含色彩倾向的颜色。因为这三类色不在可见光谱中，所以称为无彩色。有彩色是指带有标准色彩倾向，具有色相、明度、纯度三个属性的色彩。光谱中所有的色彩都属于有彩色。

2）色彩属性

色彩包括色相、明度和纯度三个属性（见图 5-12）。色相是指色彩的相貌，就是通常所说的各种颜色，如红橙黄绿青蓝紫；明度是指色彩的明暗程度，如无彩色中明度最高的是白色，明度最低的是黑色；纯度是指色彩的鲜艳程度，也被称为饱和度。纯度最高的是完全没有杂色的纯色，纯度最低的是灰色。

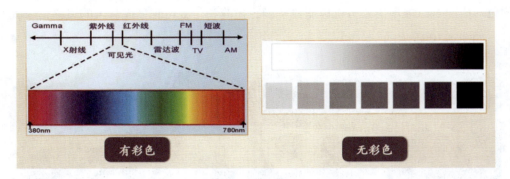

图 5-11　色彩分类

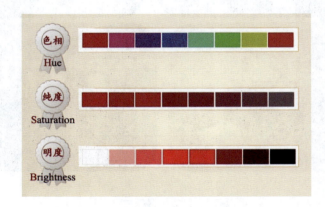

图 5-12　色彩属性

3）色调

色调是色彩明度和纯度的综合表现。根据不同的明度和纯度，色彩会产生多种变化，这种变化就是色调，如暖色调、冷色调、浅色调等，如图 5-13 所示。

4）色相环

将色彩按照光谱的顺序排列做成环形，即为色相环。色相环中包含互补色、对比色、同类色和邻近色，如图 5-14 所示。

5）色彩搭配原则

色彩搭配基本原则 6∶3∶1，即主色彩占 60%，次色彩占 30%，辅助色彩占 10%。色彩搭配时，可以类色搭配，也可以补色搭配：类色搭配不会相互冲突，可以营造平和协调的氛围；补色搭配能使色彩之间的对比获得最强的视觉效果。

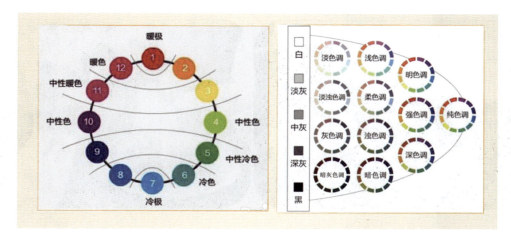

图 5-13 色调

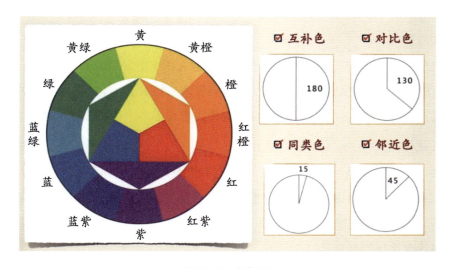

图 5-14 色相环

3. 机供品的选择

公务机的机供品内容非常丰富，包括厨房内的杯盘碗盏、桌布、餐巾等；卫生间内的洗漱用品、护肤用品、清洁用品等；客舱内靠枕、被褥、枕头、纸巾、耳机、拖鞋等，以及鲜花、水果、小吃、餐食、酒饮、杂志等。

由于公务机客户多为高端人士，对于使用的物品和食用的餐品都有很高的要求，所以机供品的品质非常重要，通常应选择国际知名品牌。比如，有的飞机会配备 HERMES 餐具、BOSE 耳机、BVLGARI 香水、CARITA 护肤用品、FIJI 矿泉水、Perrier 矿泉水等。旅行管家要对飞机上机供品的品质与功效充分了解，只有这样才能在提供客舱服务时让客户满意。图 5-15 是某公务机客舱内为客户准备的茶点。

图 5-15 公务机茶点样式

（二）配餐与采买

1. 配餐原则

公务机配餐要视客户喜好而定，有些客户会要求在指定餐厅采购指定餐食，也有些客户会让旅行管家自行决定配餐内容。若是由旅行管家安排餐食内容，根据飞行时间段不同，可准备早餐、正餐、点心餐。无论配备哪种餐食，都要准备水果、甜品和零食。

2. 餐谱设计

俗话说：十里不同风，百里不同俗。不同的地理环境造就不同的风俗习惯，饮食文化也是如此。众所周知，中国南北方饮食差异很大，南方人喜食米、北方人喜食面；江浙一带喜甜、西北一带喜咸。咸粽子与甜粽子、咸豆腐脑与甜豆花、麻酱小料与油碟小料等，构成了我国饮食文化的多样性。

首先，旅行管家在设计配餐餐谱之前，要充分了解客户的饮食偏好。比如客户是哪里人，有无食物过敏、有无忌口食物、有无特殊要求等。其次，要结合飞机上的加热设备（微波炉和烤箱），考虑食材加热后的口感与品相，如果加热后形态破坏严重则不能选择。最后，要注重营养均衡、荤素结合、冷热搭配、甜咸合理。

3. 餐食订购

公务机餐食订购可以从航空食品公司订购，也可以从保证品质的酒店订购或者从客户指定的餐厅订购。从航食公司订餐，可以保障食品安全质量，因为航空食品的生产制作是一个比较复杂的程序，从食材采购加工到餐食制作、冷藏存储、综合装配、运输装机等，实际上至少经过了六道工序才展现到旅客面前。为了保障旅客机上用餐安全，航空食品公司对员工制定了严格的工作标准和行为规范准则。但食物口感要稍逊于酒店或餐厅，因为航空食品加工与在餐厅现炒现吃的食物制作方式不同，餐食是在航空食品公司烹制后，先快速降温再进行冷藏，根据航班需求配送上机，旅行管家利用微波炉或者烤箱进行二次加热后呈现到客户面前。从酒店或者餐厅订餐，可以保障餐品口感，但食物安全质量与餐品品相需要旅行管家自行监控。因为餐厅出品的食物是已经完全做好并装入打包盒中，从离开餐厅到抵达机场的时长，以及在飞机上是否要进行二次加热，还有如何从打包盒中取出餐品摆入餐盘内呈现给客户，都需要旅行管家用心操作。甚至有些航班起飞时间很早，而客户又有特定餐饮需求，需要旅行管家提前一天去餐厅订购采买，那么何时订餐、如何保存、怎样加热便成为考验旅行管家业务能力的关键时刻了。

具体选择哪种订餐方式，要视实际情况而定。比如，有的机场没有保障公务机配餐的能力，则需要旅行管家从酒店或餐厅订餐；有时客户想吃的食物只在个别餐厅出售，需要旅行管家提前到指定餐厅采买；有些FBO保障能力比较强，可以满足公务机配餐需求，旅行管家可以将航班中需要的餐食清单交给FBO统一处理等。

（三）英语能力

旅行管家在工作之余要不断地提升自身的英语能力。工作中，与我们共事的机长可能是外国人，我们服务的客户可能是外国人，我们飞行的目的地可能是国外某地，我们外购采买的餐厅或超市可能是外国餐厅或超市，甚至我们需要收发英文邮件等。如果没有良好的英语技能，会极大阻碍我们的工作效率，甚至无法胜任此项工作。

之前，某公务机旅行管家执行为期五天的航班任务，始发地是拉斯韦加斯，终点是香港。在离开拉斯韦加斯之后，其便承担了所有飞行阶段之余的对外沟通工作，包括为客户完成餐厅餐位预订、与客户入住酒店前台沟通、按照客户行程计划预订车辆、与司机沟通接车时间、陪同客户购物、向店员询问客户提出的问题与需求、协助客户与外国人沟通各项事务等，因为七位客户中没有一人能讲英文。

（四）商务办公能力

第一，旅行管家在工作中与同事沟通、与客户沟通、与代理沟通甚至与订餐餐厅沟通都需要经常使用计算机收发邮件、编辑文档、制作餐谱、处理事务、申请报销等。需要熟练掌握常用的Office技能，包括Word、Excel、PowerPoint等。

第二，会使用办公室复印机、传真机、扫描仪、投影仪等办公设备。

第三，能够熟练使用公司办公系统，比如，OA系统、企业微信等。

第四，能够正确规范地操作电子邮件，包括书写格式、表述用词、邮件签名等内容。

三、管家服务技能

公务机管家服务技能既包括基础的插花、摆盘、侍酒、茶艺等技能,也包括行程秘书、翻译、营养师等延伸技能。

(一)咖啡技能

世界上第一株咖啡树是在非洲东北部埃塞俄比亚一个名叫卡法(KAFFA)的小镇发现的,在希腊语中,"Kaweh"(卡法)的意思是"力量与热情","coffee"一词即源于此。当地土著部落经常把咖啡的果实磨碎,与动物脂肪掺在一起揉捏,做成许多球状的丸子,并将这些丸子当成珍贵的食物,专供那些即将出征的战士享用。由于人们不了解食用后表现出的亢奋是因为咖啡的刺激性引起的,当时人们把这种行为当成是咖啡食用者所表现出来的宗教狂热。

1. 咖啡产地分布

咖啡的生产地带一般介于北纬 25°到南纬 30°,涵盖中非、东非、中东、印度、南亚、太平洋地区、拉丁美洲、加勒比海地区的多数国家。高海拔、热带气候、肥沃的土壤,才能生长出颗粒饱满、气味浓郁的优质咖啡豆。咖啡之所以主要集中在这些地区,是因为咖啡极易受到霜冻的伤害,只有热带地区的温度和湿度才适合咖啡的生长。从地理概念上来说,全球性的咖啡种植区有 3 个,即东非和阿拉伯半岛、东南亚和环太平洋地区、拉丁美洲。

2. 咖啡分类

1)按品种分类

咖啡在植物学中属于双子叶植物纲、龙胆目、茜草科、咖啡属。在咖啡属下有差不多 66 种木本植物,但是标准意义上属于"咖啡"的只有 3 种,即阿拉比卡 (Arabica)、罗布斯塔 (Robusta) 和利比里亚 (Liberica),如图 5-16 所示。

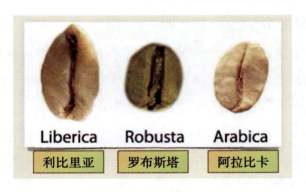

图 5-16 咖啡种类

目前，根据国际咖啡组织（ICO）的统计，在世界市场流通的咖啡中，咖啡品种只有阿拉比卡和罗布斯塔，约65%为阿拉比卡，35%为罗布斯塔。而罗布斯塔基本仅用来做速溶咖啡，越南也有用罗布斯塔制作精品咖啡的。阿拉比卡咖啡多产于巴西等南美洲热带地区，豆形较小，咖啡因含量较低，价格较高；罗布斯塔产于非洲中西部及东部的马达加斯加岛，还有亚洲的印度尼西亚，豆形较大，咖啡因含量是阿拉比卡的两倍左右，价格较低。

2）按地区分类

牙买加咖啡：著名的蓝山咖啡（Blue Mountain Coffee）就产自于牙买加。但不是所有的牙买加咖啡都是蓝山咖啡，只有种植在海拔910～1700m区域的咖啡才被称为牙买加蓝山咖啡，种植在海拔460～910m区域的咖啡被称为牙买加高山咖啡，种植在海拔460m以下区域的咖啡被称为牙买加优选咖啡。牙买加咖啡豆质感中等、香气丰富、酸度适中，带有奶油和坚果的香味，入口后有水果的甘甜味留在喉中。

印尼咖啡：苏门答腊曼特宁咖啡（Sumatran Mandheling）就是产于印度尼西亚的苏门答腊，别称"苏门答腊咖啡"。其风味非常浓郁，香、苦、醇厚，带有少许酸味，是苏门答腊中最具代表性的咖啡。此外，麝香猫咖啡（Kopi Luwak），也被称为猫屎咖啡，也是产自于印尼。印尼苏门答腊岛上一种叫作"麝香猫"的动物，最喜欢的食物就是新鲜的咖啡豆，咖啡豆是麝香猫食物范围中的一种，但是咖啡豆不能被消化系统完全消化，咖啡豆在麝香猫肠胃内经过发酵，再经粪便排出，当地人在麝香猫粪便中取出咖啡豆后再进行加工处理，也就是所谓的"猫屎"咖啡，此咖啡味道独特，口感不同，但习惯这种味道的人会终生难忘。

埃塞俄比亚咖啡：埃塞俄比亚的咖啡豆品质高，口感丰富，以"耶加雪啡"最负盛名。

夏威夷咖啡：科纳咖啡（Hawaii Kona）产自于夏威夷科纳岛，也是美国唯一生产的咖啡品种，咖啡豆酸度高、香气浓、口感较强，品质相当稳定。

巴西咖啡：巴西是全球最大的咖啡生产国。其咖啡豆口感均衡、质感适中、酸度低、入口顺滑且油脂含量丰富，是意式咖啡豆不可或缺的角色。

哥伦比亚咖啡：哥伦比亚是仅次于巴西的咖啡国，品质优于巴西，质感厚重、香气浓郁、酸度较高、带有焦糖般甜味，适合调配综合咖啡豆。

3. 咖啡成分与作用

（1）咖啡因（Caffeine）：有特别强烈的苦味，刺激中枢神经系统、心脏和呼吸系统。适量的咖啡因可减轻肌肉疲劳，促进消化液分泌。由于它会促进肾脏机能，有利尿作用，可将体内多余的钠离子排出体外，但摄取过多会导致咖啡因中毒。

（2）丹宁酸（Tannin）：丹宁酸煮沸会分解成焦梧酸，冲泡过久冷却后咖啡味道会变差。

（3）脂肪（Fat）：主要是酸性脂肪和挥发性脂肪。酸性脂肪即脂肪中含有酸，其强弱会因咖啡种类不同而异；挥发性脂肪是咖啡香气主要来源，它是一种会散发出约40种芳香的物质。

（4）蛋白质（Protein）：是卡路里的主要来源，占比并不高。

（5）糖（Sugar）：咖啡生豆所含糖分约8%，经过烘焙后大部分糖分会转化成焦糖，使咖啡变成褐色，并与丹宁酸互相结合产生甜味。

（6）纤维（Fiber）：咖啡生豆的纤维烘焙后会炭化，与焦糖互相结合形成咖啡的色调。

（7）矿物质（Mineral）：含有少量石灰、铁质、磷、碳酸钠等。

4. 咖啡口感

酸度、苦度、甜度、醇度和香气，可用来形容对咖啡的整体口感印象。

（1）酸度（Acidity）：丹宁酸，咖啡基本味道要素之一。所有生长在高原的咖啡皆具有酸辛、强烈的特质。此处的酸辛与食物发酸（Sour）不同，也无关酸碱值，而是促使咖啡发挥提振心神、涤清味觉等功能的一种清新、活泼的特质。

（2）苦度（Bitter）：咖啡因，咖啡基本味道要素之一。

（3）甜度（Sweet）：咖啡生豆内的糖分经过烘焙的过程，部分焦化产生甜味。

（4）醇度（Body）：咖啡浓厚芳醇的味道，是咖啡饮用后舌头对咖啡留下的口感。醇度的变化可分为清淡如水到淡薄、中等、高等、脂状，甚至某些印尼咖啡如糖浆般浓稠。

（5）香气（Aroma）：咖啡散发出来的气息与香味。咖啡生豆里的脂肪、蛋白质和糖类是咖啡香气的重要来源。

5. 咖啡烘焙方式

（1）极浅烘焙（Light Roast）：是所有烘焙阶段中最浅的烘焙度，咖啡豆的表面呈淡淡的肉桂色，口味和香味均不足，此状态几乎不能饮用。它一般用在检验上，很少用来品尝。

（2）浅烘焙（Cinnamon Roast）：又名肉桂烘焙，一般烘焙度，外观呈现肉桂色，臭青味已除，香味尚可，酸度强，为美式咖啡常采用的一种烘焙程度。

（3）浅中烘焙（Medium Roast）：中度烘焙和浅烘焙同属美式，除了酸味外，出现苦味，口感不错，香度、酸度、醇度适中，常用于混合咖啡的烘焙。

（4）中烘焙（High Roast）：又名浓度烘焙，属于中度微深烘焙，表面已出现少许浓茶色，苦味变强，咖啡味道酸中带苦，香气及风味皆佳。

(5) 中深烘焙（City Roast）：又名城市烘焙，最标准的烘焙度，苦味和酸味达到平衡，常被使用于法式咖啡。

(6) 深烘焙（Full City Roast）：又名深层次烘焙，颜色变得相当深，苦味强于酸味，属于中南美式的烘焙法，适用于调制各种冰咖啡。

(7) 重烘焙（French Roast）：又名法式烘焙或欧式烘焙，属于深度烘焙，呈浓茶色带黑，感觉不出酸味，在欧洲尤其以法国最流行，因脂肪已渗透至表面，带有独特香味，很适合法式牛奶咖啡、维也纳咖啡。

(8) 极度烘焙（Italian Roast）：又名意式烘焙，烘焙度在碳化之前，有焦煳味，主要流行于拉丁国家，适合快速咖啡及卡布基诺，多数使用在 Espresso 系列咖啡上。

6. 咖啡风味

常见的咖啡风味包括：意式咖啡、美式咖啡、拿铁、摩卡、玛琪雅朵、焦糖玛奇朵、卡布奇诺、白咖啡等，如图 5-17 所示。

图 5-17 咖啡风味

7. 咖啡冲泡方式与机上操作

咖啡的冲泡方式包括手冲滴滤、虹吸壶、法压壶、摩卡壶以及使用咖啡机等几种形式，如图 5-18 所示。在飞机上客舱内，由于空间和条件有限，通常使用机上咖啡机冲泡或者选择法压壶和手冲滴滤的方式。

8. 咖啡礼仪

(1) 喝咖啡时可以搭配点心。比如，美式配芝士蛋糕、拿铁配巧克力布朗尼、卡布奇诺配提拉米苏、馥芮白配马卡龙等。但要注意，不能一手端着咖啡杯，一手拿着点心，吃一口、喝一口，交替进行。

图 5-18 咖啡冲泡方式

（2）刚冲泡的咖啡太热，可以用咖啡匙在杯中轻轻搅拌使之冷却，或者等待自然冷却后再饮用，不要试图用嘴去吹咖啡。

（3）喝咖啡时，应一手轻托杯碟，用另一只手的大拇指和食指捏住杯把儿，缓慢地移向嘴边轻啜。不宜大口吞咽，也不要在饮用时发出声响。

（4）加糖和搅拌咖啡是咖啡匙的专职，不能用咖啡匙一口一口舀着咖啡喝，也不要用它帮忙捣碎杯中的方糖，喝咖啡时，应将咖啡匙放在杯碟上。

（二）茶艺技能

1. 茶的分类

茶叶按照其发酵程度由浅入深可以分成六类，即绿茶、白茶、黄茶、乌龙茶、红茶、黑茶，如图 5-19 所示。其中，绿茶为不发酵茶，白茶、黄茶、乌龙茶为半发酵茶，红茶、黑茶为全发酵茶。

常见的绿茶包括西湖龙井、黄山毛峰、太平猴魁、洞庭碧螺春、信阳毛尖、竹叶青、庐山云雾、六安瓜片等。

常见的白茶包括白毫银针、白牡丹、贡眉、寿眉等。

常见的黄茶包括君山银针、蒙顶黄芽、霍山黄芽、远安黄茶等。

常见的乌龙茶包括大红袍、冻顶乌龙、铁观音、东方美人、铁罗汉、黄金桂等。

常见的红茶包括祁门红茶、滇红茶、正山小种、金骏眉等。

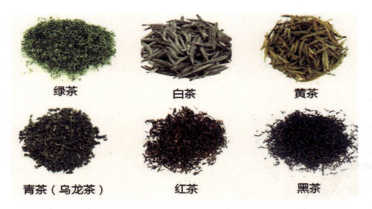

图 5-19　茶叶分类

常见的黑茶包括四川边茶、湖南安化黑茶、广西六堡茶、云南普洱熟茶等。

常见的花茶包括茉莉花茶、菊花茶、玫瑰花茶、桂花茶等。

2. 品茶与养生

中国人注重养生，品茶也讲究时令。一年四季，春夏秋冬，何时品何茶颇有一番说道。春季喝花茶，花茶比较甘凉，带有浓郁香气，能促进人体阳气生发，散去冬天积在人体内的寒邪，使人神清气爽解春困；夏季喝绿茶，绿茶是不发酵茶，茶性苦寒，可以清心除烦、消暑解热，又能口内生津，有助于消化；秋季喝乌龙茶，秋高气爽、余热未消，人体津液未完全恢复平衡。乌龙茶为半发酵茶，茶性温，不寒不热，能消除人体内的燥热，有生津清燥之效；冬季喝红茶，红茶味甘性温，善蓄阳气，生热暖腹，可以增强人体对寒冷的抗御能力。此外，人们在冬季食欲增强，进食油腻食品增多，饮用红茶可去油腻、开胃口、助养生。

3. 沏茶方法与机上操作

1) 茶杯的选择

绿茶一般用玻璃杯，不能有盖；乌龙茶一般用紫砂壶杯具；红茶一般用盖碗、盖杯；普洱一般用陶瓷茶具等。

2) 沏茶方法

第一步，温具。沏茶前用热水将茶壶、茶杯、茶盖等一起淋烫一遍，然后沥干。这样能提高茶具温度，使冲泡后温度稳定。第二步，置茶。往茶壶或者茶杯内放入适量茶叶，此时可以观赏茶叶的形状和颜色。第三步，醒茶。用 85℃ 的开水冲泡，水量没过茶叶即可。待水中的茶叶舒展开即可将水倒掉。这个步骤不仅可使茶叶完全苏醒，还能清除茶叶中的一些杂质和碎末。第四步，冲泡，即向茶壶或茶杯内注水。水温最好为 80～90℃，提高水壶的位置,从上往下如瀑布般一样倒入,使茶叶与茶水上下翻动,茶汤更均匀。

3) 机上操作

在飞机客舱内,通常会使用滤茶器沏茶。将茶叶放入滤茶器中,经过醒茶和冲泡,将茶水倒入温好的茶具之中。有时候,也会使用反折式过滤袋,将茶叶装入其中,然后醒茶和冲泡,如图 5-20 所示。

图 5-20　飞机上的沏茶方式

4. 下午茶

下午茶是餐饮方式之一,用餐时间在午餐和晚餐之间,最早起源于 17 世纪英国。传统的下午茶由点心和红茶组成。其中,点心配置在三层瓷质或银质的点心架中,按照由下至上的顺序,第一层是三明治(Sandwich)、第二层是司康饼(Scone)、第三层是蛋糕(Cake)和水果塔(fruit tart),口味从咸至甜,由浓到淡,食用时也是按此顺序。红茶通常是伯爵茶(Earl Grey Tea)、锡兰红茶(Ceylon Tea)和阿萨姆红茶(Assam Tea),如图 5-21 所示。

图 5-21　下午茶内容

旅行管家在客舱内为客户提供下午茶时，可以在传统下午茶的基础上，根据客户饮食偏好准备相应的茶品。比如，茶饮可以选择正山小种、洋甘菊茶、奶茶等；点心可以选择铜锣烧、千层蛋糕、蛋黄酥、雪花酥等，如图5-22所示。

图5-22　飞机上的下午茶

（三）插花技能

花卉是美的象征，包含自然美和艺术美。鲜花是飞机上必不可少一项机供品，既能装饰客舱，又能陶冶情操，而且鲜花的香气也可令人心旷神怡。

1. 鲜花订购

旅行管家在每次执行航班任务时，都会订购鲜花。订购鲜花时，要结合行程当日的节日气氛或者宾客身份挑选花材与花器。鲜花既可以与餐食一起从航空食品公司订购，也可以在花店单独采购。从航空食品公司订购鲜花，鲜花被送上飞机时已在容器中插好造型，如图5-23所示。从花店采购鲜花，可在花店内协助店员做好插花造型，或者只购买花束，由旅行管家在飞机上亲自插花，如图5-24所示。值得注意的是，一定要提前与客户进行沟通，若行程中有客户对鲜花过敏，则需酌情挑选其他装饰物点缀客舱。此外，还要了解不同花卉代表的含义，以避免表错意。

图 5-23 做好插花造型的鲜花

图 5-24 机上插花造型

2. 插花技巧

（1）插花容器通常会选择透明的瓶子、铁皮小桶、藤编小篮子等。

（2）不同种的花插在一起时，深色和大朵花容易突出；同种花插在一起时，色彩要有主有次，合理搭配，尽量不要等量齐观。

（3）配花、配草宜用淡色衬托。

（4）大朵的花不应插得太高，避免头重脚轻。

（5）单一花材插花，只要保证整体和谐统一即可。

（6）同色系多种花材插花，虽然整体效果不出彩，但不会出现凌乱错搭等问题。

（7）花材组合高低错落、疏密有致、虚实结合、俯仰呼应、上轻下重、上散下聚。

（四）摆盘技能

1. 摆盘方法

（1）堆积法。堆积法适合于甜品或者沙拉类，让原本量少的菜品看起来有层次感且精致，并在视觉上增大了体积。

（2）钟表法。若使用圆盘，可将盘子想象成时钟，把需要摆放的食物放入时钟的不同位置。比如西餐主菜牛排，其中土豆泥摆在 10 点钟位置，蔬菜摆在 2 点钟位置，牛排摆在 6 点钟位置。

（3）分割法。将不同味道的菜品摆放在盘中的不同隔断位置。

（4）立体法。将食物摆出错落有致的立体形状，呈现时尚感。

2. 餐食摆盘

（1）食物的纹理和材质一般遵循软对硬、粗糙对顺滑、干燥对黏稠等。

（2）食物摆放要整齐，不要超出盘子边线。

（3）附加内容不宜过多，面积不宜过大。

（4）突出主要食材，忌喧宾夺主，且配菜要与之相符。

（5）餐具选择与食物特征要相符。

（6）主菜首选大盘盛装，因为空间宽广，容易塑造视觉艺术感。

（7）食材颜色要有层次感，一个菜品中含有两种中性颜色和两种亮色时会更引人注目。

（8）适当留白，使摆盘更有艺术性。

图 5-25 所示为公务机餐食摆盘样式。

3. 水果摆盘

水果是每个航班必备的食物，旅行管家在执行航班任务之前会在精品超市选购品质上乘的各类水果。提供水果时有两种方式，一种是切片提供，另一种是整果提供。

提供水果切片时，切片厚度要均匀，应根据水果形状差异，选择不同的餐具摆放，摆盘时需整齐美观、颜色搭配合理，可用樱桃、小番茄等水果做点缀。同时还应提供水果叉和餐巾，供客户自行拿取。可以将水果切片与奶酪或甜品放在一起摆盘，供客户品尝，如图 5-26 所示。将整果洗净放入水果篮或水果盘中，可与零食、饮品一起摆放在客舱吧台或桌板之上，如图 5-27 所示。

图 5-25　餐食摆盘样式

图 5-26　水果切片提供方式

图 5-27 整果提供方式

下述各种水果提供方式仅供参考。

（1）葡萄、提子、龙眼、荔枝：洗净、分粒、不剥皮，放在盘或碗中送出，提供果皮盘。

（2）李子、橘子：洗净，无须去皮，摆放在盘中。

（3）桃子：洗净，没有桃毛，根据客户要求去皮、切块。

（4）香蕉：洗净，切去两头蕉蒂，无须去皮，保持外皮清洁美观；芝麻蕉可放盘中直接送出，大香蕉可切大小适中的段放在盘中及时送出。

（5）苹果、梨：削皮后切成均匀块状，配以水果叉。

（6）芒果：切成两均匀瓣片，核舍弃，两瓣片用水果刀划成若干规整块状，配以水果叉。

（7）猕猴桃：洗净后切成两瓣，配以水果勺。

（8）橙子：洗净后去两头橙蒂切成四瓣，整齐放于盘中。

（9）山竹：洗净切去底部山竹蒂，并将山竹壳切割出若干开口，用手均匀地用力将开口略撑大，不完全剥开，摆在盘中送出。

（10）火龙果：去皮，切成 1cm 厚的方块状，配以水果叉。

（五）侍酒技能

飞机上除了配有茶品、咖啡与果汁以外，还会为客户准备酒水，方便用餐时饮用。常规配备的酒水包括啤酒、葡萄酒和香槟，也会根据客户需求准备指定酒水。若是旅行管家准备的酒水，提供前应主动向客户介绍酒的品牌、产地、年份、口感等内容。若是客户自己带的酒水，需要饮用时直接提供即可。

1. 香槟服务

香槟通常作为迎宾饮料和餐中酒，需要提前冰镇，提供时倒至香槟杯 1/2 处。香槟开瓶时不要对着人，小心拧开铁丝，用毛巾或餐布盖住瓶口，以防止香槟喷出。

2. 啤酒服务

1）啤酒的分类

【按照麦芽汁浓度】

低浓度型：麦芽汁浓度在 6°～8°（巴林糖度计），酒精度为 2% 左右，夏季可做清凉饮料，缺点是稳定性差，保存时间较短。

中浓度型：麦芽汁浓度在 10°～12°，以 12° 为普遍，酒精含量在 3.5% 左右，是我国啤酒生产的主要品种。

高浓度型：麦芽汁浓度在 14°～20°，酒精含量为 4%～5%。这种啤酒生产周期长，含固形物较多，稳定性好，适于贮存和远途运输。

【按照啤酒色泽】

黄啤酒（淡色啤酒）：呈淡黄色，采用短麦芽做原料，酒花香气突出，口味清爽，是我国啤酒生产的大宗产品。

黑啤酒（浓色啤酒）：呈深红褐色或黑褐色，是用高温烘烤的麦芽酿造的，含固形物较多，麦芽汁浓度大，发酵度较低，味醇厚，麦芽香气明显。

【按照除菌方式】

熟啤：在瓶装或罐装后经过巴氏消毒，是比较稳定的啤酒。

生啤：不经巴氏灭菌或瞬时高温灭菌，而采用过滤等物理方法除菌，是一种达到一定生物稳定性的啤酒。

2）啤酒提供

啤酒通常全程提供，搭配小吃、点心、正餐均可，需要提前冰镇。倒酒时，将杯子倾斜 45°，使酒液沿着杯壁注入杯中，直至啤酒花与杯口齐平。

3. 葡萄酒服务

1）葡萄酒分类

【按照酿造方式】

天然葡萄酒：红葡萄酒、白葡萄酒。

特种葡萄酒：利口葡萄酒、加香葡萄酒、冰葡萄酒。

【按照饮用方式】

开胃葡萄酒；

佐餐葡萄酒；

餐后葡萄酒。

【按照颜色】

红葡萄酒；

白葡萄酒；

玫红葡萄酒。

【按照甜度】

干型葡萄酒：含糖量小于 4g/L。

半干型葡萄酒：含糖量 4g/L～12g/L。

半甜型葡萄酒：含糖量 12g/L～40g/L。

甜型葡萄酒：含糖量大于 40g/L。

【按照是否有气泡】

静态葡萄酒；

起泡葡萄酒。

2）葡萄酒等级

以法国葡萄酒为例：葡萄酒可分为四级。若以金字塔来表示，由底部至顶部的顺序为日常餐酒 (Vin de France)、地区餐酒 (Vin de Pays)、优良地区餐酒 (V.D.Q.S)、法定地区葡萄酒 (A.O.C)。越接近金字塔顶部，品质越好，价格越高，如图 5-28 所示。

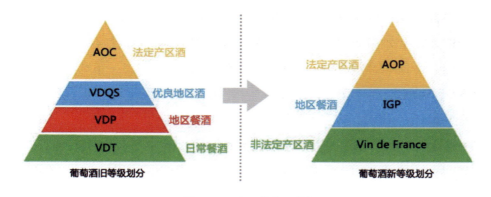

图 5-28 法国葡萄酒等级

日常餐酒可用法国同一产区或不同产区的酒调配而成，这种酒品质稳定，是法国大众餐桌上最常见的葡萄酒；地区餐酒由最好的日常餐酒升级而成，其产地需与标签上标示的产区一致，且要使用被认可的葡萄品种，还要通过专门的法国品酒委员会核准；优良地区餐酒介于地区餐酒和法定地区葡萄酒之间，此类葡萄酒的生产受到法国原产地名称管理委员会的严格控制；法定地区葡萄酒是法国最高等级的葡萄酒，使用的葡萄品种、培植方式、酒精含量、产量以及酿酒方法均受到严格监控。只有通过官方分析和化验的法定产区葡萄酒才能获得 A.O.C 证书，以确保葡萄酒的高贵品质。

3）葡萄酒提供

白葡萄酒需要提前冰镇，红葡萄酒无须冰镇，保持室温即可。红葡萄酒在饮用前需要提前 30～60 分钟开瓶醒酒。葡萄酒开酒时，注意外包装纸不要超过瓶口下沿凸出部分，沿瓶口旋转倒出少量酒液，避免木屑倒入杯中。斟酒时，应主动向客户展示酒标，且女士优先，葡萄酒倒至酒杯 1/2 处。

葡萄酒饮酒顺序：先喝白葡萄酒再喝红葡萄酒；先喝起泡葡萄酒再喝静态葡萄酒；先喝干型葡萄酒再喝甜型葡萄酒；先喝新葡萄酒再喝陈年葡萄酒。

葡萄酒与食物搭配原则：红葡萄酒配红肉，如牛肉、鸭肉等；白葡萄酒配白肉，如鸡肉、鱼肉、海鲜等；简单的酒配复杂的菜，复杂的酒配简单的菜。

4. 鸡尾酒服务

鸡尾酒是一种混合饮品，由两种或者两种以上的酒或者饮料、果汁、汽水混合而成。

1）鸡尾酒分类

按照饮用时间：短饮 (Short Drinks) 和长饮 (Long Drinks)。短饮通常在 10～20 分钟之内喝完，时间一长风味就减弱了；长饮通常在 30 分钟左右喝完，酒精浓度低于短饮，是一种较温和的饮品。

按照酒精含量：硬性饮料 (Hard/Alcohol Drinks) 和软性饮料 (Soft/Non-Alcohol Drinks)。含酒精成分的为硬性饮料；不含酒精或者酒精含量不到 1% 的为软性饮料。

按照温度：冷饮 (Cold Drinks) 和热饮 (Hot Drinks)。温度在 5～6℃ 称为冷饮；温度在 60～78℃ 称为热饮。

2）调酒材料

主料：包括六大基酒，即朗姆酒 (Rum)、金酒 (Gin)、龙舌兰 (Tequila)、伏特加 (Vodka)、威士忌 (Whisky)、白兰地（Brandy）；甜酒 (Liqueur)；葡萄酒和香槟。中式鸡尾酒一般以茅台酒、汾酒、五粮液、竹叶青等高度酒作为基酒。

辅料：用于冲淡和调和基酒的原料。它包括汽水（苏打水、汤力水、姜汁水、可乐和七喜）、果汁（橙汁、菠萝汁、番茄汁、葡萄柚汁、苹果汁、椰汁、柠檬汁等）、牛奶、鸡蛋、蜂蜜、糖浆、奶油、咖啡等。

冰块。

装饰物：柠檬片、水果、薄荷叶、伞签等。

3）鸡尾酒杯

飞机上配备的酒杯包括白兰地杯、香槟杯、葡萄酒杯、高球杯和古典杯等，这些酒杯均可用于鸡尾酒调制，如图 5-29 所示。

图 5-29　酒杯类型

4）鸡尾酒调制工具

鸡尾酒调制工具包括量杯、捣棒、过滤器、冰夹、调酒壶、吧勺、酒嘴和榨汁器，如图 5-30 所示。

图 5-30　鸡尾酒调制工具

5）鸡尾酒调制方法

鸡尾酒调制方法包括摇和法、调和法、兑和法、漂浮法和搅和法，如图5-31所示。

图5-31　鸡尾酒调制方法

摇和法（Shake）：使用摇酒壶，通过手臂的摇动促使各种材料混合，"快速"是其要点，从而避免冰块融化得太多而冲淡酒味。

调和法（Stir）：使用玻璃杯、滤冰器、吧勺调制包含多种成分但不需要摇动而快速冷却滤冰的鸡尾酒。

兑和法（Build）：是将所要混合的鸡尾酒的主料、辅料直接倒入酒杯中。长饮鸡尾酒通常用这种方法调制。

漂浮法（Float）：直接将配料依次倒入酒杯中，由于配料的密度不同，因此能够产生鸡尾酒有渐变色、分层的感觉。

搅和法（Blend）：用搅拌机来完成各种材料的混合。使用搅和法调制的鸡尾酒，大多是含有水果、冰激凌和鲜果汁的长饮品。

6）鸡尾酒制作

飞机上经常调制的鸡尾酒包括螺丝起子、血腥玛丽、金菲士、莫吉托、自由古巴、金汤力、天使之吻等，如图5-32所示。

螺丝起子 Screwdriver

血腥玛丽 Bloody Mary

自由古巴 Cuba Libre

莫吉托 Mojito

天使之吻 Angel Kiss

金汤力 Gin Tonic

图 5-32　常见鸡尾酒

思考题

1. 公务机服务流程有哪几个阶段？
2. 预先准备阶段的信息收集包括收集哪些内容？
3. 旅行管家登机后需要做哪些工作？
4. 简述后续工作阶段的工作内容。
5. 简述供餐程序流程。
6. 沟通协调技能有哪些技巧？
7. 如何帮助晕机的乘客？
8. 客舱内饰的色彩运用有何意义？
9. 色彩的属性包括哪些？
10. 简述色彩搭配原则。
11. 如何制定公务机餐谱？
12. 公务机餐食采购有哪些注意事项？

13. 咖啡冲泡方式有哪几种?
14. 简述沏茶的步骤。
15. 餐食摆盘技巧有哪些?
16. 葡萄酒与食物的搭配原则是什么?

参 考 文 献

[1] 李明业．什么是支线航空：对支线航空的界定研究 [EB/OL]．民航资源网，2020-09-17.

[2] 程捷．70 年"小满"[N]．中国民航报，2021-07-09(004).

[3] 中国通用航空发展史 (1952—2010)[R]．2010-12-10.

[4] 章文浩．对我国未来通航产业发展的思考 [N]．中国航空报，2021-06-04(007).

[5] 刘九阳．浅析后疫情时代我国通航产业发展前景 [N]．中国民航报，2021-07-15(007).

[6] 李洋．国内机场公务机发展路径 [J]．中国航班，2021(13):7-9.

[7] 亚翔航空．2020 年中国通航报告 [R]．外唐智库，2021-01-21.

[8] 薛海鹏．中国式 FBO 的进阶之路 [J]．今日民航，2019(02):24-29.

[9] 罗甬．浅析公务机客舱内饰设计 [J]．空运商务，2017(04):43-48.